DER GROSSE GU KOMPASS

Elke Weßling/Petra Kunze

300 Fragen zum Feng Shui

Wichtiger Hinweis

Alle Informationen und Ratschläge in diesem Buch wurden von den Autorinnen und vom Verlag sorgfältig und nach bestem Wissen zusammengestellt und geprüft und haben sich in der Praxis bewährt.
Die Leserinnen und Leser sind jedoch aufgefordert, selbst zu entscheiden, ob und inwieweit sie die Anregungen umsetzen wollen. Autorinnen und Verlag übernehmen keine Haftung für die Resultate.

Über die Autorinnen

Elke Weßling arbeitet seit vielen Jahren als selbstständige Feng Shui-Beraterin in ihrer eigenen Firma in München (www.intuitive-consulting.de). Ihrer Grundausbildung zur Feng Shui-Beraterin bei Derek Walters folgte eine Lehre des Imperial Feng Shui™ bei Gefion Wolf und Master Chan Kun Wah. Neben ihrem Engagement als Feng Shui-Lehrerin berät sie Privatkunden und Firmen bezüglich Feng Shui-gerechter Einrichtung und Nutzung ihrer Räumlichkeiten.

Petra Kunze hat Germanistik und Sozialwissenschaften studiert. Seit vielen Jahren arbeitet sie als freie Autorin und Lektorin im Sachbuch- und Ratgeberbereich in der Nähe von München. Ihr Interesse für Feng Shui wurde nicht zuletzt von Elke Weßling immer wieder aufs Neue geschürt.

Inhalt

Ein Wort zuvor

Kennen Sie das auch? Sie betreten eine Wohnung und fühlen sich auf Anhieb wohl, noch bevor Sie herausgefunden haben, woran das liegen könnte. Die Atmosphäre ist wohltuend und einladend, die Einrichtung geschmackvoll. Hier halten Sie sich gern auf! Und bestimmt geht es den Bewohnern einer solchen Wohnung gut. Die Frage ist jetzt: Wie können Sie es anstellen, Ihre eigenen vier Wände ebenso erstrahlen zu lassen, sie harmonisch und wohltuend zu gestalten und einzurichten? Die Feng Shui-Lehre kann Sie dabei unterstützen und Ihnen wichtige Hinweise und Hilfestellungen geben. Mit Feng Shui steigt der Energielevel Ihres Hauses – und damit auch Ihr eigener. Sie werden sehen!

In diesem Buch erfahren Sie, wie mehr Energie durch Ihre Wohnung strömt. Dazu ist es oft nötig, vorhandene Energieblockaden und Schwachstellen zu kurieren. Zwar wird es nicht möglich sein, mit den *»300 Fragen zum Feng Shui«* alle denkbaren Symptome und ihre Behandlung zu besprechen. Aber wir werden die wichtigsten Fragen und Antworten zur Vorbeugung und Gesunderhaltung sowie die häufigsten Schwachstellen in einer Wohnung aufgreifen. Dazu bekommen Sie zunächst einen Einblick in die Feng Shui-Lehre, ihre philosophischen Grundlagen und die wichtigsten Begriffe und Teilbereiche dieser uralten Erfahrungswissenschaft. So wird es Ihnen leichter fallen, die Einrichtungsvorschläge und Gestaltungsprinzipien zu verstehen und umzusetzen.

Wir haben bewusst auf komplizierte Betrachtungen und Berechnungen verzichtet, die für Laien unverständlich und damit wenig hilfreich sind. Vielmehr geht es uns darum, Hinweise zur konkreten Anwendung im eigenen

Wohnumfeld zu geben, damit Sie Fehler bei der Gestaltung Ihres Heims vermeiden können. Deshalb erfahren Sie, wie Sie Ihre Möbel vorteilhaft platzieren und welche Farben für wen günstig sind. Hierzu hat Elke Weßling einen eigenen Farbentest entwickelt, mit dem Sie eine oder zwei Farben oder Elemente ermitteln können, die Sie in ganz besonderer Weise unterstützen, indem die Seiten Ihrer Persönlichkeit aktiviert werden, die schwächer oder gar nicht ausgeprägt sind. Ergänzend dazu erfahren Sie anhand Ihrer persönlichen Kua-Zahl, mit welcher Energie Sie in den einzelnen Räumen Ihrer Wohnung verbunden sind.

Vielleicht vermissen manche Leser ein Bagua-Raster, das sie aus anderen Feng Shui-Büchern kennen. Auch DNS-Spiralen, Kristalle und Klangspiele als Feng Shui-Hilfsmittel suchen Sie in diesem Buch vergeblich.
Es gibt unterschiedliche fachliche Ausrichtungen in der Feng Shui-Lehre (wie auch in allen anderen Erfahrungswissenschaften), und Elke Weßling orientiert sich an der klassischen Feng Shui-Lehre und dem Imperial Feng Shui (dem kaiserlichen Feng Shui) nach der Formen- und Kompassschule. Sie vertritt den Standpunkt, eine gute Feng Shui-Beratung ist spürbar, aber nicht sichtbar.

Deshalb werden in diesem Buch nur Methoden vorgeschlagen, bei denen Sie mit Hilfsmitteln arbeiten, die in unseren Breitengraden üblicherweise in allen Haushalten zu finden sind, etwa bei den Regeln zum richtigen Sitzen, beim Einsatz von Farben und Maßen oder bei der Arbeit mit dem Kompass. So bekommen Sie viele zuverlässige Hilfestellungen bei der Einrichtung oder Umgestaltung Ihrer Wohnung und bei einer möglichen Hausplanung. Sie werden in Zukunft auch besser beurteilen können, ob eine Wohnung nach allgemeinen Maßstäben energiereich oder energiearm ist. Bestehen jedoch bei Ihnen oder Ihrer

Familie gravierende Probleme, etwa häufige oder chronische Erkrankungen, permanente Konflikte, massive Überbelastung, Geldsorgen oder Ähnliches, dann sollten Sie eine Feng Shui-Beratung in Anspruch nehmen. Denn dieses Buch kann eine (Raum-) Analyse und die individuelle Beratung eines Feng Shui-Experten nicht ersetzen.

Wir wünschen Ihnen viel Freude bei der Lektüre, eine Fülle von Anregungen und viel Erfolg beim Umgestalten Ihres Heims!

Elke Weßling
Petra Kunze

Einführung in die Feng Shui-Lehre

Wohl jeder hat schon mal etwas vom Feng Shui gehört. Aber nur die wenigsten wissen, worum es bei dieser alten chinesischen Erfahrungswissenschaft eigentlich genau geht. Manche verbinden damit eine etwas eigenartige Methode des Einrichtens, die aus dem Fernen Osten kommt. Einige meinen, bei Feng Shui könne es sich nur um Hokuspokus handeln, weil sie die Zusammenhänge und Hintergründe nicht kennen. Aber immer mehr Menschen sind auch hierzulande bereit, über den eigenen Tellerrand zu blicken und die westlichen Maßstäbe und Denkmuster in Frage zu stellen und sich auf eine ganz andere und neue Sicht der Dinge einzulassen.

Dazu laden wir Sie auf den folgenden Seiten ein. Sie erfahren zuerst, was Feng Shui bedeutet, welche Geschichte und Philosophie hinter dieser alten Lehre stecken und welche Ziele Feng Shui verfolgt. Sie können danach lesen, was es mit dem Entrümpeln und der Raumreinigung, mit Geomantie und Radiästhesie oder mit den Feng Shui-Maßen auf sich hat.

So werden Sie mit den wichtigsten Begriffen und Methoden von Feng Shui-Experten vertraut gemacht, bevor Sie in den nachfolgenden Kapiteln Ihre Wohnung kritisch Zimmer für Zimmer unter die Lupe nehmen können.

ALLGEMEINES

? *Was bedeutet Feng Shui, und wann entstand die Feng Shui-Lehre?*

Feng Shui heißt wörtlich übersetzt »Wind und Wasser«. Generell geht es um den Einfluss der Natur auf die Lebensbedingungen des Menschen.
Es gibt kaum schriftliche Überlieferungen, jedoch einige Hinweise auf Feng Shui, die bis zu 5000 Jahre zurückreichen. Die auf Erfahrungswissen beruhende Lehre hat sich im Lauf der Jahrtausende immer weiter entwickelt und um neu gewonnene Erkenntnisse erweitert.

? *Was ist das Ziel einer Feng Shui-Beratung?*

Ziel einer Feng Shui-Beratung ist es, die Energie (das Qi) in Balance zu bringen und den Menschen – unter Berücksichtigung der Zeitqualität (siehe nächste Frage) – in seiner individuellen Entwicklung optimal zu fördern und in seinen jeweiligen Aufgaben positiv und aktiv zu unterstützen. Dazu versucht der Feng Shui-Experte, dem Menschen einen kraftspendenden Lebensraum zu schaffen und Schwachstellen sowie energetische Blockaden in seinem Umfeld zu mindern beziehungsweise auszugleichen. Bei Bedarf ergreift er gezielte Maßnahmen, um die Energie zu aktivieren und umzulenken.

? *Was bedeutet Zeitqualität?*

Zeitqualität heißt, dass es zu unterschiedlichen Zeiten differente Energien gibt. So herrscht im Sommer die wesentlich dynamischere Yang-Energie. Wir sind voller Tatendrang, es zieht uns hinaus ins Freie. Der Winter steht unter der Yin-Regierung. Da ziehen wir uns gern in unsere Räume zurück und genießen bei heißem Tee gemütliche Stunden auf dem Sofa.

? *Wie kann denn Feng Shui die Entwicklung eines Menschen unterstützen, wo doch nur Äußeres verändert wird?*

Feng Shui funktioniert nach dem Resonanzprinzip. Das heißt, die äußere Umgebung wirkt auf den Menschen und umgekehrt. Wenn wir also unser Lebensumfeld verändern, überträgt sich dies auch auf uns. Wir können unsere Lebenssituation mit Hilfe von Feng Shui aktiv gestalten, und zwar auf einer tiefen, nachhaltigen Ebene, weil gezielte fachkundige Maßnahmen für eine Harmonisierung und das Fließen der Energie sorgen. Bestimmt haben Sie diesen Effekt schon mal nach dem Entrümpeln oder nach einem Neuanstrich Ihrer Wohnung bemerkt. Oder Sie kennen das im zwischenmenschlichen Bereich, wenn die Stimmungen anderer auf Sie abfärben (auch Kasten rechts).

? *Wie wirken diese äußeren Energien auf den Menschen?*

Der Mensch ist ein in sich harmonisches Energiefeld mit vielen Schwingungen. Diverse Schwingungen aus seiner Umgebung können ihn jedoch in Disharmonie bringen. Der Körper gewinnt seine Energie nicht nur aus der Nahrungsumwandlung, sondern er bezieht Informationen und Energie für seine Lebenssteuerung auch von außen, dem Strahlungsfeld, das durch Kosmos und Erde geprägt ist. Diese Informationen und Energien von außen (Umgebung) organisieren unseren Körper und steuern so auch unsere Gewohnheiten mit. Erhält unser Körper laufend Schwingungsinformationen, die uns in einen disharmonischen Zustand versetzen, entstehen dadurch unerwünschte Entwicklungen und möglicherweise sogar Krankheiten. Umgekehrt strahlt ein positives, harmonisches Umfeld wohltuende, förderliche Energien auf einen Menschen ab.

Das Resonanzprinzip

Stellen Sie sich folgende Situation vor: Sie gehen in einem Park spazieren und möchten eine kleine Pause einlegen. Nun sehen Sie zwei Bänke in etwa gleicher Entfernung stehen. Auf der einen Bank sitzt eine ältere gepflegte Dame, die dem Gesang der Vögel lauscht. Auf der anderen Bank sitzt ein Stadtstreicher, der gerade seine mitgebrachte Rotweinflasche leert. Auf welcher Bank werden Sie wohl Platz nehmen? Doch sicher bei der älteren gepflegten Dame, oder? Warum? Weil Sie sich energetisch am ehesten mit der gepflegten Dame verbinden wollen und nicht mit dem Stadtstreicher.

Das Resonanzprinzip bedeutet nämlich, dass wir mit allem, was uns umgibt, einen energetischen Kontakt aufnehmen und dass ein aktiver Austausch (für uns unbewusst) stattfindet.

Mit diesem Wissen ist es auch verständlich, dass Sie sich völlig entkräftet fühlen, wenn Sie bei einem Freund waren, dem es derzeit sehr schlecht geht (emotional oder gesundheitlich). Oder umgekehrt sind Sie zufrieden und voller Energie, wenn Sie von einem Freund zurückkehren, der Ihnen gerade überglücklich von seiner neuen Liebe oder seinen Heiratsplänen berichtet hat. Unsere Energie passt sich der unseres Partners oder Gegenübers an, mit dem immer ein intensiver Austausch stattfindet: Wir bekommen entweder zusätzliche Energie, wenn er einen höheren Energiespiegel hat. Oder Energie wird uns entzogen, wenn unser Gegenüber einen niedrigeren Energiespiegel hat.

? *Welche Verbindung gibt es zwischen Feng Shui und der Traditionellen Chinesischen Medizin?*

Die Traditionelle Chinesische Medizin (TCM) gründet auf dem Taoismus, einer Philosophie, in der es um die Harmonie zwischen Mensch und Kosmos geht. Deshalb richtet die TCM ihre Aufmerksamkeit auf energetische Prozesse (etwa bei der Akupunktur oder bei der Fußreflexzonenmassage). In der TCM wird nicht in erster Linie direkt an den kranken Stellen behandelt, sondern an Stellen, die den kranken Bereich abbilden oder ihm entsprechen. Oder es wird auf ganz anderen Ebenen versucht, Einfluss auf das Wohlbefinden und die innere Harmonie eines Menschen zu nehmen.

Nach diesem Resonanzprinzip (Seiten 10 und 11) funktioniert auch die Feng Shui-Lehre: Die Harmonisierung der Umgebung überträgt sich auf den Menschen und seine innere Harmonie, seine Balance. Einfach ausgedrückt: Sie verändern Ihre Umgebung – Ihre Wohnung, Ihre Arbeit, Ihre sozialen Kontakte – und Sie verändern sich!

? *Gibt es für das Resonanzprinzip auch physikalische Belege?*

Es sind zwar (noch) nicht alle Schwingungen messbar, aber nachweislich werden sie über die Luft und das Wasser (der Mensch besteht zu etwa 70 Prozent aus Wasser) weitergeleitet. Zudem transportiert das Blut einen gewissen Anteil Eisen und reagiert somit rein physikalisch auf elektromagnetische Einwirkungen – wie übrigens auch jede Zelle und jedes Wassermolekül. Dies bestätigt auch die Wasserforschung des japanischen Forschers Masaru Emoto (geboren 1943). Er wies nach, dass Wasser Informationen speichert und sich dadurch die Struktur des Wassers ändert.

Die menschliche Entwicklung aus östlicher und westlicher Sicht

Aus Sicht der Feng Shui-Lehre soll der Mensch sich aus der Erde kommend (Yin – körperliche/materielle Bedürfnisse) hin zum Himmel (Yang – höheres Bewusstsein, geistige/spirituelle Entwicklung) bewegen und entwickeln.

Das heißt aber nicht, dass wir uns von der Erdverbundenheit lösen sollen, sondern vielmehr, dass wir die höheren Energien auf die Erde bringen sollen.

Diese Vorstellung ist gar nicht so weit entfernt von der westlichen Sicht. Bereits Abraham Maslow (1908–1971) hat in seiner »Bedürfnispyramide« anschaulich den Weg der menschlichen Entwicklung aufgezeigt. Voraussetzung für das Erklimmen der nachfolgenden Stufe ist immer, dass die Bedürfnisse der vorhergehenden Stufe voll gedeckt werden.

BEDÜRFNISPYRAMIDE:

1. Stufe – Physiologische Bedürfnisse (Hunger, Durst)
2. Stufe – Sicherheitsbedürfnisse (Schutz vor Kälte, Gefahr)
3. Stufe – Soziale Bedürfnisse (Zugehörigkeit zu einer Gemeinschaft)
4. Stufe – Bedürfnisse nach Anerkennung (Leistung, Status, Liebe)
5. Stufe – Bedürfnisse nach Selbstverwirklichung (kreative Eigengestaltung)

Die philosophischen Grundlagen des Feng Shui

Die chinesische Philosophie und Denkweise ist grundlegend anders als die westliche. Obwohl die Einflüsse stärker werden, ist die westliche Welt noch immer sehr dem kausalen Weltbild verhaftet, das der englische Physiker, Mathematiker und Astronom Isaac Newton (1643–1727) mitbegründet hat. Das bedeutet, wir denken in Schwarz-Weiß, entweder-oder, wenn-dann, gut oder schlecht. Diese Denkweise führt dazu, etwas unmittelbar zu bewerten und es in Schubladen zu stecken. Das lässt sich gut an der Medizin verdeutlichen. In der westlichen Medizin wird der Körper normalerweise als Mechanismus betrachtet, der funktionieren muss und in dem das, was krank ist oder krank macht, »repariert« oder, falls ein Teil defekt ist, ersetzt wird. Das ist ohne Frage manchmal sinnvoll oder gar lebensrettend.
Oft zeigt sich aber an anderer Stelle schon der nächste Mangel, weil der Mensch als Ganzes, als Gesamtsystem und individueller Gesamtorganismus, bei der Behandlung nicht berücksichtigt wurde.

Die Chinesen gehen traditionell ganz anders an Themen wie Gesundheit und Krankheit heran, da sie analog denken. Sie sehen Entgegengesetztes in seiner gegenseitigen Bedingtheit und suchen es so von einem höheren Blickpunkt aus zu vereinen. Das heißt, Chinesen schauen traditionell immer nach den verbindenden Elementen, nach den Entsprechungen auf verschiedenen Ebenen und nach möglichen Blockaden, die den gesunden, harmonischen Fluss behindern. Denn das Streben nach Harmonie steht bei ihnen im Vordergrund. Ziel ist es, in Einklang mit sich, der Umgebung, der Natur und dem All zu kommen.

? Wie arbeitet ein Feng Shui-Berater?

Die Arbeit eines Feng Shui-Beraters ist mit der eines Akupunkteurs vergleichbar. Letzterer setzt gezielt Nadeln, um Energieblockaden aufzulösen und die Lebensenergie dadurch wieder zum Fließen zu bringen. Beides macht ein Feng Shui-Experte auf räumlicher Ebene. Er bringt die fehlenden Energien aktiv in einen Raum ein und lenkt das Qi so, dass sich Blockaden auflösen und die Energie zum Wohle des Menschen wieder fließt.

Hierfür muss der Berater zuerst eine Ist-Analyse durchführen, also die Situation des Gebäudes und seiner Bewohner »unter die Lupe nehmen«. Dazu stehen ihm verschiedene Methoden zur Verfügung, die er aus der Formen- und der Kompassschule bezieht. Beide großen Schulen entwickelten sich im Laufe der Jahrhunderte, bis sie sich schließlich im 20. Jahrhundert vermischten und zu einer ganzheitlichen Betrachtungsweise führten. Entsprechend fließen heute die Methoden beider Schulen in die Begutachtung eines Standorts ein.

? Wie sieht so eine Ist-Analyse aus?

Der Feng Shui-Experte ermittelt mit Hilfe der *Formenschule*,

- wie das Gebäude in die Landschaft und in die Umgebung eingebettet ist, also in Berge, Wasser, Straßen, Nachbargebäude,
- wie das Gebäude auf dem Grundstück platziert ist und was sich direkt vor und hinter dem Gebäude und an den Seiten befindet,
- wie das Gebäude gebaut ist und welche Fehlzonen es gibt (ab Seite 113).

Nach den Lehren der *Kompassschule* misst der Experte mit Hilfe seines Kompasses an relevanten Stellen die Himmelsrichtungen. Dadurch erhält er sehr detaillierte Aussagen

über die Energiequalität des Gebäudes, wobei diese Messungen auch die jeweilige Zeitqualität (siehe Frage Seite 9) berücksichtigen.
Aus den Bestimmungen nach der Formenschule, den Berechnungen nach der Kompassschule und dem Horoskop der Bewohner, das der Feng Shui-Berater ebenfalls erstellt, ergibt sich ein Gesamtbild, eine energetische Grundkonstellation. Denn ein Raum wirkt auf jeden Menschen anders, was Sie sicher aus eigener Erfahrung kennen. Es gibt Wohnungen, in denen Sie sich spontan wohl fühlen, und Räume, die Sie lieber meiden.

? *Wofür ist das persönliche Horoskop gut?*

Die Aufgabe des Lebens wird in der chinesischen Philosophie als Entwicklung hin zur eigenen Vollkommenheit gesehen. Es wird angenommen, dass der Mensch eigentlich bereits ein vollkommenes Wesen ist und alle Anlagen in sich trägt, sie aber (noch) nicht komplett entwickelt sind. Das Horoskop ist für den Experten bei einer Feng Shui-Beratung ein zusätzlicher Weg, diese Anlagen zu erkennen und dann zu ermitteln, welche Elemente (maximal zwei) einem Menschen dabei helfen, seine versteckten Eigenschaften hervorzulocken (zu den Elementen siehe auch im Grundlagenteil ab Seite 59).
Konkret bedeutet das: Der Feng Shui-Berater ermittelt das (oder die) persönlich fördernde(n) Element(e) des Bewohners aus dessen Horoskop. Indem er diese(s) Element(e) gezielt in das Wohnumfeld einbringt, aktiviert er die noch nicht zugänglichen Energien des Bewohners.

? *Kann ich meine fehlenden Anlagen auch ohne Horoskop herausfinden?*

Aber ja, indem Sie den Farbentest ab Seite 73 durchführen. Damit finden Sie heraus, wie Sie sich selbst aktiv

dabei unterstützen können, in Balance zu kommen, also vollkommener zu werden und die vorhandenen Anlagen weiter zu entwickeln. Sie ermitteln die Farben und Elemente, mit denen Sie sich persönlich fördern können, indem Sie diese Farben und verschiedene, den Elementen entsprechende Gegenstände, Formen und Materialien gezielt in Ihre Räume einbringen.
Außerdem können Sie ab Seite 85 Ihre persönliche Kua-Zahl ermitteln (oder im Anhang ab Seite 246 nachschlagen) und damit die Sie fördernden Zimmer und Bereiche in Ihrer Wohnung finden.

? *Woran merke ich, ob ich in Balance bin oder nicht?*

Wir sind nicht in Balance, wenn wir das Gefühl haben, wir stecken in einer Mühle. Auch wenn der Alltag nur noch Kampf bedeutet, ging die gesunde Balance verloren. Dann fühlen wir uns wie Sisyphus aus der griechischen Mythologie, der dazu verdammt war, einen Felsblock bergauf zu wälzen, der – endlich oben angelangt – immer wieder herabrollte. Die Balance fehlt auch, wenn es in unserem Alltag häufig zu Konflikten in uns selbst oder mit unserer Umgebung kommt und wir Mühe haben, Lösungen für unsere Probleme zu finden.
Sind wir dagegen in Balance, dann gelingt uns alles fast mühelos, Körper und Geist arbeiten reibungslos zusammen. Wir verstehen unsere Probleme und finden sinnvolle Lösungen, ohne nervliche und körperliche Energie zu verschwenden. Wir können uns an unserem Alltag erfreuen und mögen uns selbst, unsere Mitmenschen und unsere Umgebung. Das Leben läuft in der Regel rund, und wir betrachten Schwierigkeiten als Herausforderung, der wir konstruktiv begegnen. Wir haben das Gefühl, zur richtigen Zeit am richtigen Ort zu sein. Wir fühlen uns in unserem Körper(haus) wohl.

TIPP

Feng Shui von innen: 8 Regeln, um Körper und Geist gesund zu halten

1. Bewegen Sie sich täglich, am besten an der frischen Luft. Sie werden dafür von Ihrem Körper mit Glücksstoffen belohnt!
2. Nehmen Sie (wieder) Kontakt zur Natur auf und beobachten Sie täglich einige Minuten ein Detail intensiv, etwa den Himmel, das Blatt eines Baumes, eine Blume im Garten oder Ähnliches.
3. Essen Sie sich gesund und glücklich. Seien Sie sehr wählerisch bei der Auswahl der Produkte. »Du bist, was du isst!«, sagt der Volksmund.
4. Freuen Sie sich schon beim Aufwachen auf den Tag und lächeln Sie Ihr Spiegelbild nicht nur morgens an. Seien Sie optimistisch!
5. Schlafen Sie ausreichend und regelmäßig!
6. Sorgen Sie für Phasen der Entspannung!
7. Beherzigen Sie die Regeln der »geistigen Hygiene«! Machen Sie sich nicht zum »geistigen Mülleimer«, indem Sie permanent negative Nachrichten hören oder lesen oder belastende Dinge auf andere Weise in sich aufnehmen.
8. Denken und handeln Sie positiv – auch gegenüber Ihren Mitmenschen. Sie werden Ihren Seelenfrieden (wieder) erlangen!

? *Was kann ich für meine innere Balance tun?*

In den östlichen Traditionen ist man sich seit Jahrtausenden der Einheit von Geist und Körper bewusst. Ziel ist es, Geist und Körper in Form zu halten, denn wenn ein Teil leidet, leidet auch der andere. Das können Sie mit wenigen

Regeln beherzigen: Bewegen Sie sich ausreichend, essen Sie gesund und gegebenenfalls weniger, sorgen Sie für geistige Hygiene und Entspannung! Im Kasten links finden Sie dazu acht einfache Regeln.

Baubiologie, Geomantie und Radiästhesie

? *Was hat die Baubiologie mit Feng Shui zu tun?*

In der Feng Shui-Lehre geht es um den Einfluss des Raums auf die Lebensbedingungen des Menschen. Somit möchte die Feng Shui-Lehre selbstverständlich jegliche Form von negativer Belastung durch Baumaterialien und Baustoffe auf den Menschen vermeiden. Eine gesunde und ökologische Bauweise ist somit die ideale Voraussetzung im Sinne der Feng Shui-Lehre.

? *Was ist eigentlich Geomantie und welche Funktion hat sie innerhalb der Feng Shui-Lehre?*

Die Geomantie (die Wissenschaft der Gesetzmäßigkeiten des Energieflusses) sucht nach den Schwachstellen, auch Energieräuber genannt, durch Erdverwerfungen, Wasseradern, Gitternetze und Ähnliches, die auf Dauer den Bewohner schädigen können. Die Feng Shui-Lehre schließt auch Aspekte der Geomantie mit ein. Im Idealfall arbeitet der Feng Shui-Experte mit einem Geomanten oder Radiästhesisten zusammen.

? *Was heißt Radiästhesie?*

Unter Radiästhesie versteht man die Strahlenfühligkeit des Menschen. Die unsichtbare Ausstrahlung feinstofflicher Energien wird meist mit Hilfe einer Rute und weiteren

technischen Instrumenten ermittelt. Dabei wird in der Regel nach Wasseradern oder sogenannten Gitternetzen gesucht, aber zunehmend auch nach Mobilfunkstrahlen und sonstigen Umweltbelastungen.
Wasseradern haben – ebenso wie elektrische und magnetische Störkomponenten – eine ionisierende Wirkung. Die positiv geladenen Ionen besitzen die Eigenschaft, sich beim Menschen an Muskeln und Gelenken festzusetzen, und sind Mitverursacher unterschiedlichster Krankheiten (Rheuma, Allergien, Kopfschmerzen, Rückenschmerzen, Schlaflosigkeit und möglicherweise sogar Krebs). Die sogenannten Gitterstrukturen, wie etwa das Diagonalnetz (besser bekannt als Curry-Linie) oder auch das Benker-System, kommen durch verschiedene Störungen in der Erdkruste zustande und können auf den Menschen ebenfalls schädlich wirken. Eine Möglichkeit, diese Störfaktoren zu finden, ist die Rute.

? *Was hat es mit der Rute auf sich, und wie wirkt sie?*

Man weiß noch immer nicht genau, wie der Rutenausschlag wirklich zustande kommt. Die Rute ist etwa ellbogenlang und am vorderen Ende fest umwickelt. Sie wird an den beiden Griffenden auseinandergezogen. Dieser Zug erzeugt eine mechanische Spannung.
Eine Erklärung zur Wirkung: Im Menschen liegt zwischen der rechten und der linken Körperhälfte eine Polarisierung vor, wodurch die rechte und die linke Hand unterschiedliche Potenziale haben. Wenn also der Wünschelrutengänger die Rute in beide Hände nimmt, sie unter Spannung setzt (sie also an den Griffenden auseinanderzieht), sich auf das Gesuchte konzentriert (damit in Resonanz tritt) und in ein Strahlungsfeld geht, gelangt die hinzukommende Strahlungsladung über die Nervenbahnen zu den Synapsen (Nervenschaltstellen) und verursacht somit

wahrscheinlich eine Art Kurzschluss, der auf die Rute zurückschlägt. Diese steht damit unter erhöhter Spannung und verbiegt sich. Das heißt also, dass der Wünschelrutenausschlag durch die natürlichen Empfindungen eines gesunden menschlichen Organismus im Zusammenwirken mit einer zielgerichteten Konzentration über Arm- und Handreflexe bewirkt wird.

? *Wodurch entsteht Elektrosmog?*

Das menschliche Umfeld ist aufgrund der zahlreichen elektrischen und elektromagnetischen Felder von einer großen Menge unsichtbarer elektrischer Wellen durchzogen. Deshalb spricht man in diesem Zusammenhang von Smog (englisch für »Dunstglocke«). Elektrosmog steht seit langem im Verdacht, Menschen gesundheitlich zu beeinträchtigen.

? *Kann ich Elektrosmog vermeiden?*

Sie sollten darauf achten, dass sich in Ihrer unmittelbaren Umgebung keine Strommasten, Umspannwerke und Bahngleise befinden. Lassen Sie Ihre elektrischen Hausgeräte grundsätzlich nicht auf Stand-by-Schaltung stehen. Zum einen vermeidet das unnötige Kosten, zum anderen Elektromagnetfelder.
Am wichtigsten ist jedoch die nächtliche Regenerationsphase, in der sich der Körper erholen soll und alle Zellen auf Entspannung schalten – und somit um ein Vielfaches empfindsamer werden als tagsüber. In dieser Situation kann ein Elektromagnetfeld für den Körper extrem schädigend sein, besonders für das Blutbild.
Achten Sie darauf, dass an Ihrem Schlafplatz kein Stromkabel in Kopfhöhe in der Wand verlegt ist. Es sollte mindestens 20 cm vom Kopfkissen entfernt sein. Sie sollten auch nicht auf Federkernmatratzen schlafen, da diese sich

an einem Stromfeld möglicherweise aufladen und damit das ganze Bett »unter Spannung« setzen können. Verzichten Sie möglichst auf einen Radiowecker oder sonstige Gerätschaften am Bett, die auf Stand-by geschaltet sind. Letztlich bringt aber nur eine umfassende Untersuchung Klarheit, da es vielerlei Quellen für Elektrosmog gibt.

? *Wer kann bei mir Elektrosmog untersuchen?*

Ein Fachmann, beispielsweise ein Radiästhesist oder ein Fachberater vom Umweltamt Ihrer Stadt, forscht nach den möglichen Ursachen für elektrische und elektromagnetische Felder, vor allem an Ihrem Schlafplatz. Stellt er Elektrosmog fest, sucht er nach den Auslösern. Wenn keine internen und externen Stromquellen, wie Wasser- und Heizungsleitungen oder elektrische Geräte des Nachbarn, auf Ihren Schlafplatz wirken, kann eine Netzfreischaltung für das Schlafzimmer helfen, die jegliche Stromzufuhr in diesem Zimmer unterbindet. Danach liegt also keinerlei Spannung mehr auf den Steckdosen, und es fließt in diesem Bereich auch kein Strom mehr durch die Leitungen. Adressen finden Sie über Ihre Stadtverwaltung oder über Berufsverbände für Radiästhesie/Geomantie (Seite 250).

Entrümpelung und Raumreinigung

? *Was hat Entrümpeln mit Feng Shui zu tun?*

Das Qi, die universelle Lebensenergie, soll sich sanft und frei durch unsere Räume bewegen. Eine gesunde Energie ist fließende Energie. Gerümpel und übervolle Räume stören den freien Energiefluss. Das Qi bleibt in unseren vollgestellten Räumen stecken. Gerümpelecken stellen nicht nur Staubfänger dar, sondern zeigen energetisch

auch Stagnation an. Außerdem binden alte, ungenutzte Gegenstände auch unsere eigene Energie, was wiederum zu einer Stagnation in unserem Leben führt.
Im Feng Shui ist das stetige Fließen, der stetige Wandel ein wichtiges Prinzip. Räumen Sie deshalb auf und entrümpeln Sie, damit die Energie sanft durch Ihre Räume fließen und Ihre eigene Energie freisetzen kann.

? Ist Ordnung wirklich so wichtig? Ich räume gar nicht gern auf!

Sie sollten sich trotzdem dazu durchringen, regelmäßig für Ordnung zu sorgen. Denn unsere äußere Umgebung wirkt auf unser Inneres – und umgekehrt. Dahinter steht wieder das Resonanzprinzip (Seiten 10 und 11).
Ordnung und Struktur im Raum bewirken gleichzeitig Ordnung und Klarheit in uns selbst. Zudem kann die Energie dann gut fließen, da Sie sich nicht mit alten Themen und dem Ballast vergangener Zeiten in Ihrer Entwicklung behindern.

? Was bedeutet Raumreinigung?

Eine Raumreinigung hat das Ziel, unerwünschte Energien zu entfernen, die sich in einem Raum festgesetzt haben. Meist findet sie beim Umzug in eine neue Wohnung statt, um die Energie des Vorgängers zu entlassen. Eine Raumreinigung kann ebenfalls sinnvoll sein, wenn es in Räumen belastende Situationen gab, etwa unangenehmen Besuch, Streit oder starke Trauer. Auch im Anschluss an eine Feng Shui-Beratung kann eine Raumreinigung helfen, den Energiewandel voranzutreiben und den neuen, höheren Energien genügend Raum zu verschaffen. Bei einer Raumreinigung werden die sogenannten niederen Energien entfernt, die höheren Energien aber verbleiben in den Räumen und können wieder in voller Kraft wirken.

Tipp

Tipps zum Entrümpeln und Ordnunghalten

Gehören Sie zu den Menschen, denen es schwerfällt, Ordnung und Struktur in ihre Wohnung zu bringen? Vielleicht können Sie ja in der Familie oder im Freundeskreis um Unterstützung bitten. Nehmen Sie sich immer nur einen Raum vor und planen Sie die Aktion schrittweise.

- Erstellen Sie eine Aufgabenliste mit allen Dingen, die Sie erledigen wollen.
- Ordnen Sie diese Aufgabenliste nach den Bereichen (Schrank/Regal/Kommode).
- Planen Sie jetzt die Aufgaben nach Ihren Prioritäten in Ihren Kalender ein (etwa Samstag Vormittag: zwei Stunden Kommode, Nachmittag: zwei Stunden Schrank). Planen Sie nicht zu viel an einem Tag. Im Zeitmanagement verplant man immer nur 60 Prozent der verfügbaren Zeit, denn schließlich soll das Ziel ja auch erreicht werden!
- Sollten Sie sich mit der Zeit trotz sorgfältiger Planung verschätzt haben, geben Sie nicht auf. Seien Sie nachsichtig mit sich selbst und versuchen Sie es erneut. Denken Sie immer daran: »Aller Anfang ist schwer!«

? *Kann ich einen Raum selbst energetisch reinigen?*

Grundsätzlich kann jeder Mensch eine energetische Raumreinigung durchführen. Sie sollten sich allerdings emotional und körperlich wohl fühlen, also rundum gesund sein. Frauen sollten während der Raumreinigung weder schwanger sein, noch menstruieren. Als Laie sollten Sie ausschließlich Ihre eigenen Räume energetisch reinigen. Tragen Sie dabei möglichst keinen Schmuck, da er auf externe Strahlung direkt reagieren und damit den Reinigungsprozess beeinflussen könnte. Stellen Sie Klimaanlagen, Ventilatoren und laute Musik ab. Sie selbst sollten ebenfalls sauber sein, möglichst frisch geduscht oder zumindest Hände und Gesicht gründlich gewaschen haben. Denn Schmutz zieht sogenannte niedere Energien an, die beispielsweise auch bei Streit und bei negativen Gedanken oder Gefühlen entstehen. Ziel einer Raumreinigung ist, den Raum mit einer höheren Schwingungsfrequenz (Energie) aufzuladen. Dazu sollten Sie selbst mit einer möglichst hohen Energie ausgestattet sein.

? *Ist Raumreinigung nicht dasselbe wie Putzen?*

Genau genommen hat eine energetische Raumreinigung im Feng Shui nichts mit Putzen zu tun. Allerdings sind saubere und entrümpelte Räume die Voraussetzung für eine wirksame und nachhaltige Raumreinigung.
Wenn wir verschmutzte Räume energetisch reinigen, werden die schmutzigen Plätze unverzüglich die zu ihnen passende niedere Energie anziehen (Resonanzprinzip). Dadurch verliert die Raumreinigung ihre Wirkung und ist eigentlich sinnlos.

? *Wie gehe ich bei der Raumreinigung vor?*

Nehmen Sie sich zunächst Zeit, sich mit dem Ort zu verbinden. Beginnen Sie bei der Haustür und gehen Sie dann Raum für Raum vor.

- Klatschen Sie von unten nach oben die Ecken aus und waschen Sie sich anschließend die Hände. Sie können hierzu einen Eimer mit warmem Meersalzwasser vorbereiten (Meersalz in Wasser auflösen), denn Salz bindet Energie.
- Räuchern Sie nun den Raum aus, beispielsweise mit kalifornischem Salbei (nächste Frage).

- Lüften Sie danach gründlich, damit die niedere Energie und der Rauch abziehen können.
- Füllen Sie schließlich den Raum gedanklich mit Liebe, Licht und guten Wünschen. Sie können Ihre Wünsche natürlich auch aussprechen.

? *Womit kann ich einen Raum räuchern?*

Es gibt sehr unterschiedliches Räucherwerk, etwa Räucherkräuter und Räuchermischungen, Harze, Balsame und Hölzer. Weißer Salbei ist besonders zu empfehlen. Er wächst hauptsächlich im sonnigen Kalifornien und ist eine der stärksten Pflanzen zum Reinigen und Segnen von Räumen, Lebewesen oder Gegenständen. Sein Duft ist eher streng. Doch unter den Ureinwohnern Nordamerikas gilt er als eine der wenigen Pflanzen, die eine reine, positive Energie in sich tragen. Deshalb wird er verwendet, um Böses abzuwehren und das Bewusstsein zu klären.
Seien Sie aber sparsam, das gilt für jedes Räucherwerk. Zwei bis drei Blätter Salbei sind für eine kleine Zwei-Zimmer-Wohnung meist ausreichend. Schließlich wollen Sie eine energetische Reinigung vollziehen und nicht anschließend die verrußten Wände streichen!

? *Brauche ich noch etwas zum Räuchern?*

Sie brauchen noch ein Gefäß für das Räucherwerk. Auch hier ist die Auswahl an Räucherschalen und Räucherstäbchenhaltern groß. Es genügt aber auch eine feuerfeste Unterlage, etwa eine entsprechende Steingutschale aus Ihrem Haushalt.
Außerdem gibt es zum Räuchern noch Räucherkohle, eine Räucherzange, ein Räuchersieb und Ähnliches. Lassen Sie sich vom Verkäufer beraten. Für einiges Räucherwerk ist Räucherkohle notwendig, alles weitere Zubehör sollten Sie kritisch auf seine Notwendigkeit hin prüfen.

? *Wo bekomme ich die ganzen Utensilien?*

Alles Zubehör zum Thema Räucherwerk wird in speziellen Geschäften (gelegentlich Räuchertempel genannt) oder in esoterischen Läden verkauft. Adressen finden Sie in Ihrem örtlichen Branchenbuch unter Räucherwerk. Außerdem gibt es eine Vielzahl von Internet-Anbietern, die alle gängigen Produkte online anbieten und die Anwendung des Räucherwerks gut erklären. Geben Sie in einer Suchmaschine einfach das Stichwort »Räucherwerk« ein oder wählen Sie eine Adresse von Seite 249.

? *Warum muss ich mich selbst auch reinigen?*

Wir laufen Gefahr, zu einem »geistigen Mülleimer« zu werden. Wir studieren die Zeitung, hören Radio und verbringen häufig täglich einige Stunden vor dem Fernseher. Der moderne Mensch meint, stets auf dem Laufenden sein und immer wissen zu müssen, welche Katastrophen sich gerade in der Welt ereignen. Hinzu kommen noch allerlei belastende negative Inputs im privaten Bereich, die wir nicht so einfach beiseiteschieben können. Da sammelt sich im Laufe der Zeit doch einiges an.

? *Und wie funktioniert eine solche Selbstreinigung?*

Bevor Sie sich für eine Technik oder ein Ritual zur Reinigung und Loslösung entscheiden, sehen Sie sich die Art der energetischen Verunreinigung an. Ist diese aus externen Verbindungen entstanden, also mit Menschen in Ihrem Umfeld, mit denen Sie zu tun haben, die Ihnen emotional aber nicht besonders nahe stehen, zum Beispiel am Arbeitsplatz, in der Nachbarschaft, im Verein oder Bekanntenkreis? Oder ist sie aus internen Verbindungen entstanden, mit Ihnen emotional sehr nahe stehenden Personen, etwa

Eltern, Kinder, Partner, sehr gute Freunde? Beide Arten der energetischen Verunreinigung können in Form von Gedanken, Emotionen oder Beziehungen auftreten, aber auch als belastende Energien, etwa nach einem schwierigen Kundengespräch oder auch durch die Begleitung eines trauernden Menschen (bei externen Verbindungen) oder nach unguten Gesprächen, erheblichen Konflikten und Streit mit nahe stehenden Personen.

? *Wie kann ich mich von Gedanken, Emotionen und Beziehungen selbst reinigen?*

Sowohl bei internen als auch bei externen Verbindungen in Form von Gedanken, Emotionen und Beziehungen können Sie sich energetisch reinigen, indem Sie folgendermaßen vorgehen:

- Beschäftigen Sie sich zunächst bewusst mit Ihren Emotionen. Bedanken Sie sich anschließend innerlich für die Erfahrung, die Sie machen durften. Schneiden Sie dann (gedanklich) die verbindenden Energiebahnen oder -fäden durch und lassen Sie gleichzeitig die Person, den Gedanken oder die Emotionen los, die Sie gerade belasten.
- Sie können auch eine andere Variante versuchen: Nachdem Sie sich mit Ihren Emotionen bewusst beschäftigt und sich für die Erfahrung bedankt haben, schnüren Sie (gedanklich) ein Paket mit der Problematik. Gehen Sie damit in die Natur und werfen Sie dieses Problempaket (gedanklich) in den nächsten Fluss. Lassen Sie dabei auch die Person, den Gedanken oder die Emotion los.
- Oder Sie bringen die Themen zu Papier und verbrennen den Zettel anschließend (Feuerritual), oder Sie vergraben ihn in der Erde. Wichtig ist, dass Sie Ihre Aufzeichnungen nicht aufbewahren!

? Was kann ich gegen belastende Energien machen?

Belasten Sie Energien, etwa nach unguten Gesprächen oder nach einem Streit mit nahe stehenden Personen, beschäftigen Sie sich zunächst bewusst mit Ihren Emotionen und bedanken sich für die Erfahrung. Anschließend haben Sie verschiedene Möglichkeiten:

- Legen Sie sich in eine Badewanne mit heißem Wasser mit Meersalz und tauchen Sie einmal unter. Das Salz bindet Energie, und das Untertauchen reinigt das gesamte Energiefeld, auch die Kopfenergie.
- Streichen Sie die Energien direkt am Körper aktiv aus (Healing Touch-Methode). Bei dieser Technik arbeiten Sie vom Kopf über die Arme, den Rumpf und die Beine zu den Füßen, gerne auch mit einem Partner. Streichen Sie die Energie mit der flachen Hand aus.
- Sie können sich auch mit Hilfe des Räucherns selbst reinigen. Fahren Sie dazu mit dem Räucherwerk von unten nach oben am Körper entlang.
- Gehen Sie in die Natur und geben Sie dort die belastenden Energien gedanklich ab, etwa an ein fließendes Wasser, an einen Baum, an den Himmel (Kosmos) oder an die Erde.

? Wie kann ich spüren, ob meine Wohnung mich energetisch unterstützt?

Es gibt verschiedene Anzeichen, dies wahrzunehmen. Wenn Sie beispielweise nach einer längeren Urlaubsreise in die eigenen vier Wände zurückkehren (die zwischenzeitlich unbewohnt waren), können Sie das testen. Haben Sie das Bedürfnis, erst einmal aufzuräumen und zu putzen, also selbst Energie in die Räume zu bringen, um sie wieder zu beleben, dann ist der Energielevel Ihrer Wohnung nicht besonders hoch.

Auch die Pflanzen in Ihrer Umgebung sind ein wichtiges Indiz. Gedeihen sie prächtig, dann spricht das für ein hohes Energieniveau – und, mit Verlaub, weniger für einen sogenannten grünen Daumen.

? *Ich möchte ständig etwas in meiner Wohnung verändern. Was könnte das bedeuten?*

Wenn Sie mit Ihrer Wohnung unzufrieden sind, ist das ein untrügliches Zeichen für wenig energetische Unterstützung. Das bedeutet natürlich nicht, dass Sie nie etwas ändern oder renovieren sollten.
Aber wenn Sie sich häufig mit Ihrer Wohnung beschäftigen müssen, um es behaglich zu haben, also oft reinigen, umdekorieren, entrümpeln, räumen, umstellen und vielleicht auch renovieren, spricht das dafür, dass zu wenig Energie in Ihrem Heim vorhanden ist oder frei fließen kann. Denn eigentlich soll ein Zuhause seine Bewohner unterstützen, und nicht sie sollen viel Energie in die Wohnung stecken müssen. Das zumindest ist das Ziel der Feng Shui-Lehre.

Feng Shui-Masse

? *Wofür sind bestimmte Maße im Feng Shui gut?*

Es gibt im Feng Shui Maße, die besonders förderlich sind und die für die Themen Reichtum, Großmut/Nachkommen, Macht und Kapital stehen. Diese Maße kann man zum Beispiel beim Kauf von neuen Möbeln oder bei Tür- oder Fenstergrößen für das eigene Haus verwenden. Im Anhang ab Seite 238 finden Sie eine Tabelle mit den Feng Shui-Maßen und ihren Bedeutungen sowie einen Hinweis, wie Sie weitere Maße berechnen können.

? *Was bedeutet es, wenn die Maße meines Tisches dem Abschnitt »Macht« oder einem der anderen Bereiche entsprechen?*

Die jeweiligen Abschnitte beschreiben den Themenkomplex, den sie unterstützen. Den Abschnitten 1, 4, 5 und 8 sind die positiven Bedeutungen zugeordnet. Nach Möglichkeit sollten Sie Ihre Zimmer-, Möbel- und sonstigen Maße innerhalb dieser Bereiche wählen, insbesondere wenn Sie gezielt eines der vier Themen bei sich unterstützen wollen.

- Abschnitt 1 fördert den Reichtum, wobei sowohl der materielle als auch der immaterielle Reichtum gemeint sein kann.
- Abschnitt 4 unterstützt den Großmut und die Nachkommen. Dazu gehört auch eine überlegene Position, die es erlaubt, großmütig zu sein.
- Abschnitt 5 begünstigt die Macht im positiven Sinne, auch eine machtvolle Position, in der man Wichtiges entscheiden und etwas bewegen kann.
- Abschnitt 8 fördert das Kapital und den materiellen Wohlstand.

? *Wie messe ich meine Möbel genau?*

Um die Feng Shui-Maße in der Praxis zu prüfen, messen Sie immer den Außenrand Ihres Möbelstücks und vergleichen Sie dann das Ergebnis mit den Maßen ab Seite 238. Hierzu zwei Bespiele:

- Ihre Tischplatte misst 60 x 60 cm. Dieses Maß finden Sie in der Tabelle (Seite 238) unter Abschnitt 4, dem die Themen Großmut und Nachkommen (positiv) zugeordnet sind.
- Ihre Tischhöhe beträgt 69 cm. Diese finden Sie in Abschnitt 5 der Liste mit der Analogie Macht (positiv).
- Ihr Doppelbett misst an den Außenkanten eine Breite von 170 cm und eine Länge von 210 cm, beide

Abschnitt 8 (Tabelle Seite 239), mit der Analogie Kapital (positiv) sowie eine Höhe von 60 cm, wiederum Abschnitt 4, mit den Analogien Großmut und Nachkommen (positiv).
Mit einem Bett in diesen Maßen fördern Sie in erster Linie den materiellen Wohlstand und nachrangig auch die Themen Großmut und Nachkommen (vielleicht wünschen Sie sich ja Kinder?!).

? *Stehen die Analogien auch im Zusammenhang mit dem Möbelstück und den Nutzern?*

Im Prinzip schon. Ein Esstisch mit förderlichen Maßen wirkt sich zum Beispiel auf alle Nutzer aus. Deshalb wäre eine Förderung im Bereich Großmut sehr günstig, weil damit das Klima innerhalb der Familie gefördert würde. Oder ein Elternbett mit Maßen im Bereich Großmut und Nachkommen könnte einen vorhandenen Kinderwunsch unterstützen. Der Geschäftsführer einer Firma tut gut daran, die Größe seines Schreibtisches so zu wählen, dass er im Bereich Kapital liegt. Denn dadurch aktiviert er besonders den Geldfluss.

? *Wende ich die Maße im Feng Shui nur auf Möbel an?*

Nein, im Prinzip können Sie alles messen und vergleichen, die Breite, Länge und Höhe eines Zimmers, Türstocks, Fensters oder Bildes. Aber übertreiben Sie es nicht! Vielleicht beschränken Sie sich einfach beim Kauf neuer Möbel auf einen Blick in die Tabelle. Oder Sie merken, dass Sie sich in einem Zimmer gar nicht wohl fühlen, und messen deshalb mal nach. Oder Ihnen macht eines der negativen Themen in der Tabelle zu schaffen, dann können Sie ebenfalls an Veränderungen denken.

? *Was kann ich tun, wenn die Maße eines Zimmers ausschließlich Negatives anzeigen?*

Sie können das Maß eines Zimmers immer korrigieren, indem Sie beispielsweise eine Zimmerseite mit einer Regal- oder einer Schrankwand (dann allerdings über die gesamte Wandfläche) versehen. Damit verringern Sie die Maße des Raums.

? *Mein Haus ist komplett möbliert. Muss ich jetzt alles rausschmeißen und mir neue Möbel in den richtigen Maßen anschaffen?*

Wenn Sie die Möglichkeit haben, Ihren neuen Esstisch nach Feng Shui-Maßen auszuwählen, sollten Sie das nutzen. Auch eine ohnehin geplante Neuanschaffung eines Bettrahmens oder eines Kleinmöbels nach Feng Shui-Maßen ist natürlich fein.
Sorgen Sie sich jedoch nicht, falls Ihre vorhandenen Möbel nicht den günstigen Maßen (Tabelle Seite 238) entsprechen. Denn sie sind nur *ein* Aspekt und Baustein von vielen. Erst das Zusammenspiel der verschiedenen Faktoren macht die Wirkung aus.

Grundlagen des Feng Shui

Um die Feng Shui-Lehre zu verstehen und anwenden zu können, bekommen Sie in diesem Kapitel wichtige Grundlagen vermittelt. Sie erfahren, was es mit den Energieformen Qi (auch Chi) und Sha auf sich hat, wie Sie das positive Qi in Ihren Räumen fördern und giftige Sha-Pfeile vermeiden können. Da Spiegel in der Feng Shui-Lehre eine besondere Bedeutung haben, lesen Sie hier, was diese bewirken und wo sie besser nicht an der Wand hängen sollten. Auch das Yin-Yang-Prinzip ist wichtig, wenn es um ein harmonisches Heim geht. Wofür stehen diese beiden Energieformen? Wann sollte das Yin-Element betont werden, wann das Yang-Element? Auch darauf erhalten Sie in diesem Kapitel eine Antwort.

Und Sie erfahren alles Wichtige zu den fünf Elementen, mit denen Sie Ihre Wohnung und sich selbst in Balance bringen können. Im Rahmen der fünf Elemente werden Sie auch über die Bedeutung und den Einsatz von Farben informiert – und können dann im großen Farbentest ab Seite 73 jene Farben ermitteln, die Sie persönlich fördern. In einem weiteren Unterkapitel erfahren Sie etwas über die Kua-Zahl und darüber, mit welcher Energie (ermittelt aus der Kua-Zahl) Sie in welchem Raum Ihrer Wohnung besonders verbunden sind. Und schließlich werden noch die wichtigsten Fragen zur Umgebung des Hauses beantwortet, damit die positive Energie zu Ihnen findet und Ihr Haus energetisch geschützt ist.

Mit diesem Wissen können Sie im darauffolgenden Praxisteil Zimmer für Zimmer durchgehen und sie harmonisch nach den Regeln des Feng Shui gestalten.

Die Energieformen Qi und Sha

? *Wie kann ich mir Energie vorstellen?*

Um eine Vorstellung von Energien zu erhalten, können Sie sich eine der größten wahrnehmbaren Naturkräfte, den Mond, anschauen. Wir alle wissen, dass der Mond Ebbe und Flut bewirkt. Weniger bekannt ist vermutlich, dass durch die Ausdehnung der Erdkruste (abhängig von den Mondphasen) sich ganze Städte um einige Zentimeter heben und senken. Hier sind Energien, also Kräfte, am Werk, die wir Menschen weder sehen noch schmecken noch fühlen können.

Die Energie in unserem direkten Umfeld können wir uns auch vorstellen, wenn wir an Radiowellen (oder andere elektromagnetische Wellen) denken, die uns überall umgeben. Sie sind da und dringen durch Fenster, Wände und Türen, obwohl wir sie mit unseren Sinnen nicht wahrnehmen können.

? *Was ist im Feng Shui mit Energie gemeint?*

Es gibt fördernde, stärkende Energien und Energien, die uns Menschen schwächen. In der Feng Shui-Lehre nennt man die fördernden Energien Qi und die schwächenden Sha. Feng Shui untersucht unter anderem das Verhalten der Energien (Qi und Sha) in den Wohnräumen und in der Umgebung eines Hauses.

Aus Sicht der Feng Shui-Lehre ist es wichtig, wo Sie leben und wie Sie Ihr Zuhause aufteilen und einrichten. Dies alles hat einen wesentlichen Einfluss auf die Harmonie Ihres Lebens, auf das Fließen des Qi.

Wir Menschen brauchen die fördernde Lebensenergie Qi, um aktiv, gesund und kraftvoll durchs Leben zu gehen. Wenn wir in Räumen mit zu viel negativer Energie (Sha) leben oder arbeiten müssen, ermüden wir schnell, fühlen uns kraftlos und werden auf Dauer krank.

? *Was genau ist Qi?*

Qi ist die Kraft, die allen Dingen, Menschen, Tieren, Pflanzen innewohnt. Sie fließt durch die Atmosphäre, durchdringt alles und umgibt uns. Qi unterliegt dem Einfluss von Raum und Zeit. Diese universelle Lebensenergie ist in verschiedenen Kulturen bekannt, etwa in Indien als Prana und in Japan als Ki.

Auch wenn wir das Qi eines Menschen nicht sehen können, so spüren wir es doch deutlich, vor allem bei Menschen mit einer starken positiven Ausstrahlung, mit einer charismatischen Persönlichkeit. Ein solcher Mensch wirkt wie ein Magnet auf sein Umfeld und seine Umgebung möchte unbewusst an der positiven Energie partizipieren. Diese Energieaufnahme erfolgt nach dem Resonanzprinzip (Seiten 10 und 11).

Gleiches gilt auch für Räume, die über ein hohes Maß an Qi verfügen. Deshalb ist die Umgebung, in der Qi möglichst ungehindert fließt, so wichtig für das Wohlbefinden. Mit Hilfe des Feng Shui kann Qi in einem Haus zum Fließen gebracht werden und somit das Wohlbefinden, die Gesundheit und den Wohlstand der Bewohner steigern.

In diesem Raum kann die Energie perfekt fließen.

Wie kann ich mein Haus mit Qi versorgen?

Damit unsere Wohn- und Arbeitsräume ausreichend mit Qi versorgt werden, sollten wir besondere Aufmerksamkeit auf den Eingang legen, womit der Haupteingang des jeweiligen Bereichs gemeint ist, also die Haustür oder die Wohnungstür. Dieser Bereich sollte möglichst individuell sein und einladend wirken.
Ein besonders gutes Gespür für einladende Eingänge haben Kinder bis zum Alter von etwa sieben Jahren, da sie noch sehr sensitiv und relativ unbeeinflusst von Mode und Status sind. Ein Kind spürt, ob ein Zugangsbereich freundlich und anziehend wirkt. Dunkle und verstellte Eingänge, etwa mit einem parkenden Auto, wird es meiden. Offene Flächen vor dem Hauseingang, freundliche Farben, eine gute Beleuchtung, vielleicht noch ein hübscher Blumenschmuck ziehen Kinder intuitiv an. Stellen Sie sich vor, dass auch Qi nur dorthin möchte, wo es willkommen ist und ungehindert Einlass findet. Gestalten Sie Ihren Haupteingang entsprechend einladend. Mehr dazu finden Sie ab Seite 127.

Warum ist es so wichtig, dass in meiner Wohnung möglichst viel Qi fließt?

Je höher der Energiespiegel eines Hauses, umso belebender und fördernder wirkt er auf seine Bewohner. Stellen Sie sich ein Gebäude wie einen lebendigen Organismus (Körper) vor: Dann entspricht der Haupteingang zum Gebäude dem Mund als Eingang zum Körperinneren. Über unseren Mund nehmen wir Nahrung auf, und diese versorgt uns mit Energie. Versorgen wir uns mit gesunder und lebendiger Nahrung, haben wir einen hohen Energiespiegel. Auch ein Gebäude wird vor allem über den Haupteingang mit Energie versorgt, durch Wände und Fenster dringt wesentlich weniger Qi ein.

? *Was passiert, wenn die Lebensenergie nicht frei fließen kann?*

Ist das Qi gestört, sprechen die Chinesen von Sha. Dieses steht für negative feinstoffliche Einflüsse, wie zu schnelles oder stagnierendes Qi. Sha schwächt die Bewohner und kann auf Dauer Krankheiten verursachen.

? *Wann genau entsteht Sha?*

Sha entsteht zum Beispiel in langen, geraden Fluren, in denen die Energie nur gerade fließt. Durch die zu hohe Geschwindigkeit verwandelt sich der ehemals positive Engergiestrom (das Qi) in einen negativen. Dasselbe passiert auch bei begradigten Flüssen. Ein vormals lebensspendender Fluss, der sich sanft durch eine Landschaft schlängelt, kann durch eine Begradigung zu einem reißenden Wasser werden, das keinen Lebensraum mehr für Frösche, Insekten und Pflanzen bietet.
Ebenso verwandelt sich stagnierendes Qi in Sha. Gerümpelecken, vollgestopfte Räume oder auch zu wenig Pflege und Reinigung bremsen die Energie. Die feinstoffliche Energie verhält sich ähnlich wie Wasser: Qi will fließen und in Bewegung sein. Ist die Energie zu stark eingeschränkt oder steht sie still, dann fängt es an zu modern oder abzusterben.

? *Spielt auch die Lage eines Hauses für die Energieversorgung eine Rolle?*

Auch der Standort eines Hauses wirkt sich auf den freien Energiefluss aus. Steht das Gebäude zum Beispiel an einem ungünstigen Platz und wird dadurch nicht genug mit Qi versorgt, kann sich auch in den Räumen nicht ausreichend Energie ausbreiten. Durch Häuserschluchten oder an Hauptverkehrsstraßen beispielsweise beschleunigt die Energie so stark, dass Sha entsteht. Liegt ein Haus am Ende einer T-Kreuzung, dann steht das Gebäude quasi unter Sha-Beschuss, weil die Energie sich nicht mehr verteilen und ruhig (weiter-) fließen kann.

? Wie kann ich in meiner Wohnung Sha verhindern?

Möblieren Sie Ihre Räume so, dass die Energie nicht zu schnell durchfließt. Das Qi sollte nicht gerade geführt werden, denn dadurch entstehen sogenannte giftige Pfeile, die sich negativ auf den Menschen auswirken.
Sorgen Sie auch dafür, dass das Qi sich nicht staut, sondern frei bewegen kann. Vermeiden Sie also eine größere Unordnung, zugestellte Bereiche und verschlossene, sprich ungenutzte Räume. Auch in sogenannten toten Ecken sammelt sich abgestandene Energie wie Staub und verbreitet schlechte Luft.
Räumen Sie regelmäßig auf und lassen Sie frische Luft und Licht herein. Auch Reinigen und liebevolles Gestalten geben dem Qi wieder Raum.

? Was sagt Feng Shui zum Sitzen?

Wir verbringen täglich so viele Stunden im Sitzen, dass es sehr wichtig ist, richtig zu sitzen, egal ob am Schreibtisch, am Esstisch oder auf dem Sofa. Nach der Feng Shui-Lehre vermittelt richtiges Sitzen Sicherheit, Schutz, Stabilität, Kontrolle, Konzentration und Kontinuität.

? Was muss ich beim Sitzen beachten?

Halten Sie sich beim Sitzen an folgende drei Grundregeln (nach Elke Weßling):
1. Sorgen Sie für einen geschützten Rücken!
Bestimmt kennen Sie das: Sie fühlen sich beobachtet, obwohl Sie niemanden sehen. Oder Sie spüren, dass Sie

TIPP

So können Sie sogenannte giftige Pfeile vermeiden

- **Farbgestaltung**
  Scharfkantige Dachbalken oder Mauerkanten können Sie durch eine unauffällige, hellere Farbe entschärfen und damit optisch in den Hintergrund treten lassen.
- **Rundungen**
  Scharfe Kanten von Dachbalken oder Mauervorsprüngen können Sie auch abrunden, entweder direkt oder indem Sie die scharfe Kante mit einem Rundholz (aus dem Baumarkt) oder mit Stoff verkleiden.
- **Pflanzen**
  Stellen Sie einfach eine entsprechend große Pflanze mit runden Blättern vor den kritischen Bereich.
- **Paravent**
  Ein Paravent bietet einen energetischen Schutz.
- **Spiegel**
  Lenken Sie die ungewollte Energie durch einen Spiegel in einen anderen Bereich.
- **Bodenmuster oder Teppich**
  Im langen Flur unterbrechen Sie durchschießende Energie mit querlaufenden Bodenmustern oder Teppichen.
- **Kunstobjekt**
  Auch (Kunst-) Objekte können Energie umlenken.

jemand fixiert, auch wenn Sie mit dem Rücken zu ihm stehen. Ihre Sensoren schützen Sie vor einer Gefahr von hinten. Um diese Sensoren auszuschalten, darf hinter Ihnen nichts sein, nichts als eine Wand im Rücken, die Ihnen Schutz gibt. Nur dann können Sie Ihre volle Aufmerksamkeit auf eine Aufgabe richten. Und nur dann können Sie sich wirklich entspannen. Deshalb ist es so wichtig, dass Ihr Schreibtischstuhl vor einer Wand steht und Ihr Sofa mit dem Rücken zur Wand.

2. Sitzen Sie immer energetisch geschützt!
Vermeiden Sie beim Sitzen energetischen Durchzug! Wie die Luft, so wird auch die Energie beim Durchzug weg- und hinausgezogen. Setzen Sie sich deshalb nicht dorthin, wo es zieht, also nicht zwischen Fenster und Fenster, Tür und Tür oder Fenster und Tür.
3. Behalten Sie Fenster und Tür im Blick!
Setzen Sie sich so, dass Sie Fenster und Tür im Blick haben. Dadurch kontrollieren Sie den Raum: Sie sehen, wer zur Tür hereinkommt und was vor dem Fenster passiert.

Spiegel in der Wohnung

? *Ist es richtig, dass Spiegel im Feng Shui eine große Bedeutung haben?*

Der Spiegel ist ein wichtiges Hilfsmittel in der Feng Shui-Lehre. Allerdings hat er hier nicht die Funktion, einen Menschen widerzuspiegeln. Vielmehr kann ein Spiegel die positive Lebensenergie (Qi) lenken und bewegen und außerdem unerwünschte Energien (Sha) abwehren und umlenken. Ein Spiegel kann einem Raum zudem mehr Tiefe verleihen und damit sogenannte Fehlzonen in einer Wohnung oder einem Haus ausgleichen (ab Seite 113). In fensterlosen Räumen kann ein richtig platzierter Spiegel helfen, die Raumenergie zu aktivieren.

Die Powerposition

Optimal für einen Arbeitsplatz ist die sogenannte Powerposition. Dabei sitzen Sie diagonal zur Tür, mit Blick auf die Tür. Wählen Sie diese Position aber nur, wenn Sie dabei die drei Grundregeln einhalten können: geschützter Rücken, energetisch geschützt sitzen sowie Fenster und Tür im Blick.

Wie setze ich Spiegel sinnvoll ein?

Feng Shui zielt darauf, die positive Lebensenergie durch ein Haus oder eine Wohnung zirkulieren zu lassen, damit alle Bereiche belebt werden. Die Energie kommt durch die Eingangstür und fließt dann in sanften Bewegungen durch jeden Raum. Droht sie in eine Sackgasse zu laufen, können Spiegel helfen. Hierbei spielen der Neigungswinkel und die Ausrichtung des Spiegels eine wichtige Rolle. Stellen Sie sich eine Billardkugel vor, die über die Bande in ein Loch geleitet werden soll. Mit einem Kö versuchen Sie, die Kugel – durch den richtigen Neigungswinkel und die richtige Ausrichtung – in die gewünschte Bahn zu lenken. Auch den Spiegel müssen Sie so platzieren, dass die Energie in die vorgesehenen Richtungen geleitet wird. Auf diese Weise können Sie Ihren gesamten Wohnbereich ausreichend mit Qi versorgen.

In fensterlosen Räumen, beispielsweise im Bad oder in der Toilette, aber auch in anderen fensterlosen Räumen, in denen Sie sich länger aufhalten, sind Spiegel ganz besonders wichtig. Solche Räume werden leicht zu toten Bereichen, da hier sehr wenig Energie zirkuliert. Bringen Sie ausreichend Spiegel im Bad und/oder in der Toilette an, dann fördern Sie die aktive Energie und unterstützen zudem noch das in diesen Räumen vorherrschende Wasserelement.

Stimmt es, dass Spiegel nicht gegenüber von Türen hängen sollen?

Spiegel sollten in der Tat nicht gegenüber der Hauseingangs- oder Wohnungstür hängen. Denn der Spiegel lenkt in diesem Fall die fördernde Energie, die zur Tür hereinkommt, direkt wieder hinaus. Dasselbe gilt auch für alle Zimmertüren, mit Ausnahme des Bad- und WC-Bereiches (siehe Kasten Seite 47).

? Gibt es noch weitere Bereiche, in denen auf keinen Fall Spiegel hängen sollten?

Ja, Türen sind fast immer Tabuzonen für Spiegel. Keinesfalls dürfen Sie die Innenseite der Haus- oder Wohnungstür mit einem Spiegel versehen. Damit blockieren Sie den Ausgang für die Energie und Ihre Besucher, die Sie ja durch diese Tür wieder verlassen möchten. Einzige Ausnahme: An der Außenseite der Toiletten- oder Badtür sind Spiegel sehr günstig (Seite 211). Auch gegenüber einem Fenster bewirkt ein Spiegel, dass die Energie, die zum Fenster hereinkommt, gleich wieder zurückfließt. Das ist ungünstig, denn sie soll sich ja im Haus verteilen.
Da ein Spiegel mit dem Element Wasser in direkter Verbindung steht, verzichten Sie besser auf den Einsatz eines Spiegels im Zentrum Ihres Heims. Denn das würde den materiellen Verlust aktivieren.

? Darf ich außen an mein Haus einen Spiegel hängen, um Sha-Energie abzuwenden?

Im Außenbereich eines Hauses hat ein Spiegel nichts zu suchen, denn nach dem Resonanzprinzip (Seiten 10 und 11) kommt alles, was Sie aussenden, zu Ihnen zurück. Wenn Sie eine störende Energie von außen abwehren wollen, sollten Sie das nicht mit Spiegeln tun. Denn durch Spiegel lenken Sie die schädliche Energie Sha auf Ihre Umgebung. Denken Sie daran: »Was du nicht willst, das man dir tut, das füg' auch keinem andern zu.«

? Und was ist mit einem Bagua-Spiegel? Der ist doch extra dafür gemacht, oder?

Im Feng Shui gibt es die sogenannten Bagua-Spiegel, die jedoch nichts mit unseren herkömmlichen Spiegeln gemein haben. Es handelt sich traditionell um eine Art blank polierte Metallscheibe, die auf der Rückseite die acht Trigramme der sogenannten frühhimmlischen Sequenz zeigt (Seite 116). Diese metallenen Schutzschilder für ein Haus durften nur hochstehende spirituelle Führer (sogenannte Priester) fertigen und dem Hausherrn übergeben. Und nur dieser durfte überhaupt das Schutzschild anfassen, es über der Haustür anbringen und auch pflegen und polieren.

Dieser traditionelle Bagua-Spiegel (also die glänzende Metallscheibe) sorgte dafür, dass kein Unheil in das Haus eindringen konnte und dass negative Energien vom Haus ferngehalten wurden.

Die heute auf dem Markt erhältlichen Bagua-Spiegel, die fälschlicherweie so genannt werden, haben nichts mit den Ursprüngen zu tun. Ihre Nutzung ist daher auch nicht empfehlenswert.

? *Und wie sieht es mit Spiegeln im Schlafzimmer aus?*

Im Schlafzimmer sollten Sie Spiegel keinesfalls so aufhängen, dass Sie sich vom Bett aus darin betrachten können. Die chinesische Tradition erklärt das so: Die Seele verlässt in der Nacht den Körper und geht auf Reisen, wodurch der Mensch erholt und erfrischt am nächsten Morgen wieder erwacht. Wenn die Seele sich dabei aber selbst im Spiegel sieht, erschrickt sie und zieht sich wieder in den Körper zurück. Sie kann also nicht auf Seelenreise gehen, weshalb der Mensch am nächsten Morgen unausgeruht und wenig regeneriert aufwacht.

Außerdem aktiviert ein Spiegel die Energie in einem Raum, was einen erholsamen Schlaf behindern könnte. Es soll zwar ausreichend Qi im Schlafbereich vorhanden sein, eine zu aktive Energie könnte aber leicht ins Gegenteil umschwenken: Sie finden nicht gut Ruhe.

? *Kann ich mein Liebesleben beeinflussen, indem ich mit einem Spiegel im Schlafzimmer viel Energie zum Zirkulieren bringe?*

Sie können es ja mal probieren! Beachten Sie aber die Regeln für Spiegel im Schlafzimmer ab Seite 177. Aber ein anderer Effekt wurde bei Spiegeln im Schlafzimmer schon beobachtet: Paare, die einen großen Spiegel gegenüber dem Bett angebracht haben, gehen eher fremd. Psychologisch lässt sich das so erklären: Wenn Sie mit Ihrem Partner im Bett liegen und sich ansehen, sind Sie zu zweit. Wenn Sie sich dann im Bett aufrichten, sehen Sie im gegenüberliegenden Spiegel noch zwei weitere Personen, nämlich Ihre Spiegelbilder.

Wer ist das Paar da gegenüber?

Die Botschaft an Ihr Unterbewusstsein lautet: Da gibt es noch mehr Männer/Frauen auf der Welt als nur meinen Partner neben mir – da sollte ich mal Ausschau halten. Dasselbe registriert natürlich auch das Unterbewusstsein Ihres Partners!

? *Wo dürfen Spiegel in einem Raum hängen, wenn ich sitze?*

Grundsätzlich können Spiegel überall hängen, außer gegenüber von Tür und Fenstern. In Sitzbereichen sollten Sie zudem darauf verzichten, einen Spiegel hinter und vor dem Sitzplatz aufzuhängen. Wenn Sie ihn hinter dem Sitzbereich aufhängen, nehmen Sie dem dort Sitzenden den Rückenschutz (Seite 39). Das schwächt diese Person und nimmt ihr Stabilität, was sich auf der äußeren und der inneren Ebene in Form von Unsicherheit zeigen kann.
Ein Spiegel gegenüber einem Sitzbereich führt möglicherweise dazu, dass sich die jeweiligen Personen ständig darin betrachten und dadurch abgelenkt sind.

? *Kann ich Spiegel an sich gegenüberliegenden Wänden aufhängen?*

Es ist sehr ungünstig, Spiegel so aufzuhängen. Die Energie wird dann jeweils von einem Spiegel auf den gegenüberliegenden geworfen und wieder zurück. Durch diesen Ping-Pong-Effekt entsteht eine Art Energiesperre, eine stagnierende Situation, da die Energie aus der Reflexion nicht mehr herauskommt.
Ganz anders sieht es bei Spiegeln aus, die leicht versetzt an gegenüberliegenden Wänden hängen. Sie können die Energie weiterleiten und damit sehr förderlich sein. Dazu müssen die Spiegel aber richtig platziert sein. Stellen Sie sich dabei eine Billardkugel vor, die Sie über die Bande eines Billardtisches spielen (Seite 42).

Hier wirken Spiegel besonders positiv

- Bringen Sie Spiegel in fensterlosen Zimmern an. Das belebt den Raum.
- Räume, in denen aufgrund ihrer Lage nur wenig Energie vorhanden ist, können Sie durch richtig aufgehängte Spiegel mit Qi anreichern.
- Sie können äußere Fehlbereiche (Seite 117) ausgleichen, indem Sie im Innern Spiegel an Stellen von Fehlbereichen so platzieren, dass der Raum mehr Tiefe gewinnt – soweit dies von der Raumkonzeption passt.
- Kleinen Räumen können Sie durch Spiegel mehr Größe geben.
- Spiegel über oder am Esstisch verdoppeln optisch die angebotenen Speisen, was eine besondere Fülle und Reichhaltigkeit vermittelt. Doch das ist in Zeiten des Überflusses nicht mehr notwendig. Wenn Sie dennoch einen Spiegel einsetzen möchten, achten Sie darauf, dass die Personen bei Tisch durch den Spiegel nicht geschwächt werden (siehe Frage linke Seite).
- Wenn Sie an der Außenseite der Toilettentür einen Spiegel flächig anbringen, schirmen Sie diesen Raum von den restlichen Räumen etwas ab. Das verhindert, dass sich die Energie aus dem Toilettenbereich im Wohnraum ausbreitet. Außerdem sollen die Bewohner nicht sehen, wie das Schmutzwasser das Haus verlässt. Halten Sie auch aus diesem Grund die Tür zum WC immer verschlossen und nutzen Sie diesen Raum nur, wenn Sie Ihren körperlichen Bedürfnissen nachkommen müssen.

? *Gibt es Spiegel, die günstiger sind als andere?*

Sie dürfen Spiegel in jeder Form und Größe aufhängen, je nachdem, welchen Zweck sie erfüllen sollen. Generell passt ein rechteckiger Spiegel im Hochformat (Element Holz, siehe Grundlagen zu den fünf Elementen ab Seite 59) besonders gut, da Wasser (der Spiegel) das Holz nährt (siehe Elementezyklus Seite 65). Auch eine runde oder ovale Form (Element Metall) passt sehr gut, da Metall wie Wasser fließt.
Ein Spiegel sollte immer aus einem Stück bestehen, also weder geteilt noch aus Spiegelfliesen zusammengesetzt sein. Denn beide Arten suggerieren, dass etwas zerbrochen ist. Sie zeigen ein zerstückeltes Bild von uns, was psychologisch gesehen unser Selbstbild nicht positiv unterstützt. Achten Sie auch darauf, dass Sie mindestens Ihren Kopf im Spiegel sehen, besser noch den ganzen Oberkörper, am allerbesten Ihre gesamte Erscheinung.

? *Was heißt, der Spiegel gehört zum Element Wasser?*

Das Material des Spiegels gehört zum Element Wasser (die Grundlagen zu den fünf Elementen finden Sie ab Seite 59). In der Feng Shui-Lehre gilt jedoch die Regel, dass das Qi durch die Form bestimmt wird und das Material erst an zweiter Stelle wirkt. Die Form hat also Vorrang. Und auch sie lässt sich einem Element zuordnen. Es gibt für jeden Spiegel somit zwei Elemente, das der Form und das des Materials.

? *Ist es wichtig, wie ein Spiegel aussieht?*

Außer bei der Form sind Sie bei der Wahl des Spiegels völlig frei. Entscheiden Sie nach Ihrem persönlichen Einrich-

tungsstil. Die Feng Shui-Lehre beschäftigt sich ja nicht mit geschmacklichen Fragen, sondern mit der Energie in den Räumen. Deshalb wählen Sie den Spiegel, der Ihnen gefällt und der positive Emotionen bei Ihnen auslöst.
Achten Sie aber darauf, dass der Spiegel keinen Sprung hat oder trübe ist. Beides würde sich ungünstig auf Sie und Ihre Mitbewohner auswirken.

Die Energieformen Yin und Yang

? *Woher stammt die Idee von Yin und Yang?*

Die Vorstellung von Yin und Yang kommt aus dem Taoismus, der Lehre des großen chinesischen Philosophen Lao-tse (geboren um 604 v. Chr.), der sein Wissen im Tao-te-king zusammenfasste. Danach werden Wandel und Veränderung durch zwei sich ständig bewegende Kräfte bewirkt, durch das Aufeinandertreffen von Yin, der weiblichen Energie, die für Dunkelheit und Passivität steht, und von Yang, der männlichen Energie, die für Helligkeit und Aktivität steht (Tabelle Seite 240).
Wie in allen traditionellen Lehren hat man auch im Feng Shui versucht, die Essenz des Wissens möglichst verständlich darzustellen. Die Zuschreibungen sind als Metaphern zu verstehen. Sie sind bereits vor einigen tausend Jahren entstanden, als die Rollen von Frauen und Männern noch eindeutig zugeordnet waren. Es handelt sich bei den Bildern also um Energieformen und nicht um reale Eigenschaften.

? *Was bedeutet das Yin-Yang-Symbol?*

Das Zeichen für Yin und Yang symbolisiert Dualität, also das Prinzip, dass alles erst durch die Polaritäten in Erscheinung treten kann, dass etwas seinen Gegenpol braucht, um ganz, um vollkommen zu sein. So wird zum Beispiel

Helligkeit erst durch Dunkelheit sichtbar und Wärme erst durch Kälte spürbar. Beide Pole stehen sich somit nicht konkurrierend gegenüber, sondern bedingen und ergänzen einander. Das macht beide auch wertneutral, keines ist besser oder schlechter als das andere. Das Yin-Yang-Zeichen symbolisiert zudem das ewige Rad des Wandels durch beide Pole. Die Punkte darin zeigen, dass alles in allem enthalten ist, im Yin auch ein Teil Yang und umgekehrt.

Das Prinzip von Yin und Yang

Schon seit Jahrtausenden glauben die Chinesen, dass die Welt durch die Urkräfte Yin und Yang gestaltet wird. Sogar im heutigen kommunistischen China sind die meisten Menschen davon überzeugt, dass sie nur dann glücklich und erfolgreich sein können, wenn sie mit diesen kosmischen Kräften im Einklang leben. Beide Formen werden als gleichwertig betrachtet und sollen sich in einem dynamischen Gleichgewicht befinden. Ist dieses gestört, zeigen beide Teile ihre destruktive Seite.

Es geht nicht darum, den einen Pol auf Kosten des anderen zu fördern, sondern ein dynamisches Gleichgewicht zu erzielen und dadurch beide polaren Kräfte zu verbessern. Gegensätze heben sich also nicht gegenseitig auf – wie das aus westlicher Sicht oft angenommen wird. In der östlichen Vorstellung erwecken und ergänzen sie einander und ermöglichen dadurch Wandel und Entwicklung.

Es lässt sich alles um uns herum dem Yin- oder dem Yang-Prinzip zuordnen. Überall in der Natur zeigt sich der ständige Wechsel von Yin und Yang. Er zeigt sich natürlich auch in zyklischen Prozessen: Tag und Nacht, Jahreszeiten und Himmelsrichtungen, Leben und Tod, Fülle und Leere.

Yin und Yang sind im Gleichgewicht. Und ein Teil des einen ist immer auch im anderen enthalten.

? Womit stehen Yin und Yang im Feng Shui in Verbindung?

Erst durch das Zusammentreffen von Yin und Yang entstehen Verwandlung, Bewegung und Entwicklung, also das Leben an sich. Ein wesentliches Ziel im Feng Shui ist es, das dynamische Gleichgewicht, die Harmonie zwischen Yin und Yang herzustellen. Mit Hilfe von Farben, Materialien, Formen – im Grunde mit allen Dingen, die den Menschen umgeben – wird versucht, ein relativ ausgewogenes Verhältnis zu erreichen. Eine absolute Ausgewogenheit würde allerdings zum Stillstand (Tod) führen. Deshalb ist die Dynamik, eine durch die Kräfte erzeugte Bewegung (Leben), so wichtig. Sie wird durch ein leichtes Übergewicht eines Aspekts erzielt.

? Was wird dem Yin-Bereich zugeordnet?

Yin steht für das weibliche Prinzip. Wie in allen traditionellen Lehren hat man auch in der Kunst des Feng Shui versucht, die Essenz des Wissens verständlich darzustellen. Die benutzten Metaphern sind bereits vor einigen Jahrtausenden entstanden, als die Rollen von Frauen und Männern noch klar verteilt waren. Eigentlich geht es um das dahinterstehende Prinzip. Dem Yin wird die kühle Schattenseite zugeordnet, da die Frau traditionell im Haus

Die Liebe zwischen Yin und Yang

Wahre Liebe gehört zu einer höheren spirituellen Macht, wenn sie wahrhaftig ist und von Herzen kommt (Yang). Damit sind nicht die Verbindungen gemeint, die Menschen eingehen, um beispielsweise finanziell abgesichert zu sein, nicht alleine sein zu müssen und Ähnliches.
Wenn eine Frau und ein Mann sich wahrhaftig lieben, dann soll diese Liebe auch in die Welt getragen werden. Frau (Yin) und Mann (Yang) verbinden sich und bringen durch ihre Liebe (Yang) neues Leben auf die Erde (Yin). Die Verbindung soll somit nicht in idealen Liebesschwüren stecken bleiben, sondern sich in der Welt behaupten und beweisen. Dieses Prinzip entspricht dem ewigen Rad des Wandels (Yin-Yang-Symbol), das der Feng Shui-Lehre zugrunde liegt.

arbeitete. Yin steht außerdem für Kälte, Tod, Tiefe und für Schwarz. In der Tabelle auf Seite 240 finden Sie die wichtigsten Yin-Prinzipien aufgelistet.

? *Wofür steht das Yang-Prinzip?*

Yang steht für die andere Seite, also das männliche Prinzip. Dazu gehören zum Beispiel die sonnige Bergseite, wo der Mann früher auf dem Feld arbeitete. Yang verkörpert auch das Leben, die Aktivität, die Wärme und die Farbe Rot.
In der Tabelle auf Seite 240 finden Sie auch die wichtigsten Yang-Prinzipien.

? *Wo finde ich Yin in meiner Wohnung?*

Yin finden Sie bei allem, was weich ist, rund, verspielt, voll, rüschig. Dazu gehören weich fließende Stoffe, eine

üppige Einrichtung und aufwändige Dekorationen ebenso wie weiche und runde Sitzelemente, flauschige Teppiche, Tischdecken und Gardinen (das Prinzip Fülle). Yin zeigt sich auch in beruhigenden Farben, etwa in Blautönen.
Eine Yin-Einrichtung lädt zum Relaxen ein und bringt die Menschen zum Entspannen und Loslassen. Deshalb ist sie im Schlafbereich und in der Leseecke ideal.
Dunkle Räume verfügen über mehr Yin. Sie haben meist kleine Fenster, weshalb sie nicht nur am Abend zusätzliche Lichtquellen brauchen.

? *Und wo finde ich Yang in meiner Wohnung?*

Yang finden Sie bei allem, was hart, eckig, schlicht, leer und glatt ist. Vorherrschend sind gerade Formen bei Sitzelementen, wenig Möblierung, eine sparsame Dekoration, wenig Schnickschnack (das Prinzip Leere). Yang zeigt sich ebenso im Material Leder, in glatten und harten Böden und in aufregenden Farben wie Rottönen. Auch große Fensterfronten bringen Yang-Energie in den Raum.
Eine Yang-Einrichtung fördert Aktivität und Arbeit, weshalb sie im Arbeitszimmer und im Hobbyraum ideal ist. Denken Sie beim Einrichten jedoch daran, dass Sie immer beide Kräfte benötigen und ein zu starkes Übergewicht auf einer Seite negative Auswirkungen auf Sie und Ihre Umgebung haben kann.

? *Müssen sich beide Energieformen denn immer die Waage halten?*

Das hängt ganz davon ab, was Sie erreichen wollen. In Ihrem Wohnzimmer möchten Sie sicher manchmal relaxen und entspannen, dann aber auch wieder aktiv sein. Deshalb empfiehlt sich im Wohnbereich eine relativ ausgeglichene Umgebung, wobei der Yang-Aspekt minimal

Voll im Trend: das Yang-Prinzip

Gerade in der modernen westlichen Welt gibt es eine deutliche Vorherrschaft des Yang-Prinzips. Anhand der folgenden Beispiele lässt sich das sehr gut veranschaulichen:

Wellness-Boom

Vielen Menschen fehlt der Yin-Ausgleich im Leben, also Ruhe, Entspannung, Rückzug und Stille. Doch statt sich diesen zu Hause zu schaffen und zum Beispiel ein entspannendes Bad zu nehmen, zu lesen oder Musik zu hören, suchen immer mehr Menschen nach Entspannung (Yin), indem sie aktiv sind (Yang). Und das Geschäft mit der Wellness floriert: Wir fahren Hunderte von Kilometern (Yang) in ein Wellness-Hotel, um uns für viel Geld (Yang) in ein Entspannungsbad zu legen und unser Bedürfnis nach Erholung zu stillen.

Fast Food

Nahrungszubereitung und Nahrungsaufnahme stehen traditionell mehr mit dem Yin-Prinzip in Verbindung: Der Tisch wird mit einer Tischdecke und mit Servietten gedeckt. Gegessen wird in einem ruhigen Raum, gesprochen wird nur wenig. Auf diese Weise ruht die Konzentration auf dem Prozess des Essens und dem Genuss der aufgetischten Speisen.
Die moderne Variante des Essens hat damit nicht mehr viel zu tun. Sowohl die Nahrungsmittel und ihre Zubereitung wie die Präsentation und das Essen selbst entsprechen immer mehr dem Yang-Prinzip. Am deutlichsten zeigt sich dies in Fast-Food-Restaurants, in denen die Gerichte schnell erhältlich sind und ebenso schnell hinuntergeschlungen werden. Auch

die Präsentation des Essens auf Kunststoffmöbeln mit glatten Flächen in leeren Räumen sind Yang. Das Essen in diesen Räumen vermittelt keine Ruhe, sondern treibt den Besucher an, nach dem Verzehr möglichst rasch wieder zu gehen. Dadurch wird die Nahrungsaufnahme zu einem Yang-Akt.

Modebranche – viel Haut

Heute ist es angesagt, viel Haut zu zeigen, egal ob im Sommer oder Winter. Die Trendsetter, prominente Damen aus dem Show-Business, tragen zu jeder Jahreszeit hauchdünne Kleider und sind sogar bereit, bei winterlichen Temperaturen ohne Jacke oder Mantel mit Spaghettiträgern über den roten Teppich oder auf dem Laufsteg zu schreiten.
Viele junge Mädchen und Frauen machen es ihnen nach und ziehen zu allen passenden und (vor allem) unpassenden Gelegenheiten möglichst wenig an.
Das hat zum Beispiel zur Folge, dass auch Schulen in Deutschland über Schuluniformen diskutieren und im Winter reihenweise Mädchen und junge Frauen mit Nierenbeckenentzündungen einen Arzt aufsuchen oder sogar ins Krankenhaus eingeliefert werden müssen.

Architektur – viel Sonnenlicht

Ob im privaten oder geschäftlichen Baubereich, fast alle neuen Häuser zeichnen sich durch eine extreme Offenheit aus, etwa durch verglaste Fronten, Glaswände oder gar keine Wände, was dem Yang-Prinzip entspricht (viel Sonnenlicht). Neuerdings sind sogar Bäder gefragt, die offen in das Schlafzimmer integriert sind. Damit fehlt jede heimelige Intimatmosphäre (Yin), in der sich die Bewohner entspannen und fallen lassen können.

betont werden sollte. Vielleicht können Sie sogar Ihre Persönlichkeit mit berücksichtigen: Wenn Sie ein eher ruhiger Typ sind, kann etwas aktivere Energie Sie gut unterstützen. Sind Sie dagegen ein sehr aktiver Mensch, ist es vielleicht sinnvoll, die Yin-Energie mehr zu betonen, um besser entspannen zu können. Grundsätzlich sollte das Schlafzimmer mehr nach dem Yin-Prinzip gestaltet sein, das Arbeitszimmer dagegen mehr nach dem Yang-Prinzip. Durch die Betonung eines der beiden Prinzipien können Sie die jeweiligen Nutzungen des Raums aktiv unterstützen. Aber denken Sie daran, auch ein aktiver Raum sollte Yin-Aspekte aufweisen, damit er nicht einseitig wirkt – Gleiches gilt umgekehrt.

? *Was passiert, wenn Yin oder Yang zu dominant ist?*

Die Folgen eines Ungleichgewichts können Sie im Berufsleben sehen. In der westlichen Welt herrscht das Yang-Prinzip vor (Kasten Seite 54): Berufstätige müssen heute ein hohes zeitliches Engagement zeigen und sollen dabei auch höchst flexibel, besonders belastbar, immer erreichbar und verfügbar sein. Kommen diese »erfolgreichen« Arbeitnehmer dann nach Hause, geht die Aktivität weiter: im Haushalt, mit den Kindern und dem Partner, bei kulturellen und sportlichen Betätigungen. Viele halten diesem Daueraktivismus, der irgendwann in negativen Stress ausartet, nicht stand. Ihr Körper reagiert mit Krankheit, beispielsweise mit dem Burn-out-Syndrom.
Auf der anderen Seite stehen diesen »hyperaktiven« Berufstätigen immer mehr Arbeitslose gegenüber. Sie sind dazu verdammt, inaktiv zu sein, sich mehr der Ruhe hinzugeben, als ihnen guttut. Ein solches Übergewicht im Yin-Bereich ist nicht weniger ungesund. Für ein harmonisches, ausgewogenes Leben sollten Sie deshalb beruflich wie privat auf eine Balance zwischen Yin und Yang achten.

Pflanzen in Wohnräumen

? *Welche Bedeutung kommt Pflanzen in der Feng Shui-Lehre zu?*

Pflanzen geben Auskunft über die Energie, das Qi, in den Wohnräumen. Gedeihen die Pflanzen besonders gut, hat der Bewohner einen sogenannten grünen Daumen, dann ist der Energiespiegel hoch. Gehen umgekehrt alle Pflanzen ein und/oder kränkeln sie nach kurzer Zeit, weist dies auf ein relativ niedriges Qi-Niveau hin.

Pflanzen sagen somit etwas aus über das vorhandene Energiepotenzial in den Räumen, was auch direkt auf die Bewohner wirkt, ohne dass sie es merken. Wenn alles blüht und gedeiht, werden auch sie gefördert. Wenn die Pflanzen kränkeln, werden sie ebenfalls geschwächt. Gesunde, kräftige Pflanzen symbolisieren Leben, Vitalität und Wachstum. Sie sind sogar in der Lage, das Qi in Räumen zu potenzieren.

Ein weiterer Aspekt von Pflanzen in der Feng Shui-Lehre ist ihr gezielter Einsatz als Hilfsmittel. Pflanzen können die Energie lenken, eine stagnierende Situation auflösen oder eine zu schnell fließende Energie abbremsen.

? *Welche Pflanzen eignen sich besonders für Wohnräume?*

In Wohnräumen sind frische Schnittblumen immer ideal, da sie die Energie sofort anheben. Bitte achten Sie bei Schnittblumen aber unbedingt auf die Frische. Verwelkte Blumen sollten Sie entfernen und übel riechendes Blumenwasser unbedingt vermeiden.

Lebende Grünpflanzen oder jede Form von Blütenpflanzen bringen gute Energie in Ihre Wohnräume. Sie können diese ganz nach Ihrem Geschmack auswählen. Achten Sie aber darauf, dass Sie Pflanzen mit spitzen Blättern nicht in unmittelbarer Nähe Ihrer Sitzplätze aufstellen. Spitze

Blätter erzeugen Sha, was Sie natürlich vermeiden sollen. Stellen Sie in Sitzplatznähe deshalb Pflanzen mit runden Blättern, die kein Sha produzieren können.

? *Kann ich auch auf künstliche Pflanzen zurückgreifen?*

Falls Sie oft auf Reisen sind oder aus anderen Gründen keine oder nur wenig lebende Pflanzen in Ihrem Wohnraum haben möchten, dürfen Sie auch Seiden-/Kunst- oder Holzblumen und -pflanzen verwenden. Diese haben aber lediglich einen dekorativen Charakter und sollen Ihnen Freude bereiten. Das Qi können diese »Ersatzblumen« nicht anheben. Doch ein Objekt, das für Lebendigkeit und Wachstum steht, wirkt ja auch auf diese Weise positiv auf uns Menschen.

? *Und wie sieht es mit getrockneten Blumen aus?*

Auf Trockenblumen sollten Sie unbedingt verzichten. Sie stehen für das Lebensende, da aus den ehemals lebenden Pflanzen das Leben gewichen ist. Sie sind tot und tragen deshalb Sha-Energie in Ihr Haus.
Gleiches gilt für schlecht gemachte Plastikblumen, die dem Besitzer kaum Freude machen, da die Künstlichkeit auf den ersten Blick zu sehen ist. Solche Objekte können kein Träger von Vitalität und Lebendigkeit sein – auch nicht symbolisch.

? *Ich sammle Kakteen. Wo ist der beste Platz für meine Töpfe?*

Wenn Sie Kakteen lieben, dann sorgen Sie für einen geschützten und sicheren Platz, möglichst nicht direkt neben Ihren Sitzmöbeln. Das ist deshalb notwendig, weil Kakteen, wenn sie umfallen, Verletzungen hervorrufen können. Achten Sie darauf, dass die spitzen Stacheln der Kakteen nicht auf sitzende Personen zeigen, da diese Sha produzieren (Seiten 57 und 58).

? *Wo wirken Pflanzen besonders gut?*

Wenn Sie Pflanzen als »Problemlöser« einsetzen möchten, können Sie diese folgendermaßen platzieren:

- vor dem Fenster, um einen eventuellen Energieverlust zu vermeiden,
- vor einer scharfen Kante, um das Sha (Kantenstrahlung) aufzulösen,
- an einer Stelle, an der das Qi zu schnell fließt, um den Fluss der Energie zu verlangsamen,
- an einem Platz, um die Energie umzulenken und damit weitere Raumteile mit Qi zu versorgen,
- an einem Ort, an dem die Energie stagniert, beispielsweise in einer Raumecke, um den Energiefluss zu gewährleisten.

Die fünf Elemente

? *Was hat es mit den fünf Elementen auf sich?*

Wichtig vorab: Die fünf Elemente der Feng Shui-Lehre – Holz, Feuer, Erde, Metall, Wasser – haben nichts mit den vier Elementen (Feuer, Wasser, Luft, Erde) der westlichen Tradition zu tun, die auch die Grundlage der westlichen Astrologie bilden. Die fünf Elemente im Feng Shui, gelegentlich auch die »fünf Wandlungsphasen« oder die »fünf Arten zu gehen« genannt, beschreiben die Energiezustände.

Wie beim Yin-Yang-Prinzip (ab Seite 49), so ist auch die Symbolik der fünf Elemente ein Schlüssel für die verschiedensten Analogien. Sie darf keinesfalls wörtlich übersetzt und gedeutet werden. Mit den fünf Elementen werden ineinander übergehende Energiezustände beschrieben. Die zyklischen Wandlungsphasen sind ständig in Bewegung und beeinflussen einander. Entsprechend ist jedem Element eine Tages- und eine Jahreszeit zugeordnet. Natürlich hat jedes Element Yin- und Yang-Anteile, und jedem Element entsprechen bestimmte Formen, Materialien sowie Farben. Die Chinesen ordnen prinzipiell alles einer dieser fünf Kategorien zu – auch die Himmelsrichtungen.

? *Was haben die Himmelsrichtungen mit den fünf Elementen zu tun?*

Die fünf Elemente stehen in Bezug zu den vier Himmelsrichtungen und zum Zentrum, nämlich:
Osten: Holz, Süden: Feuer, Westen: Metall, Norden: Wasser sowie das Zentrum: Erde, aus der alles entsteht. Auch die Zwischen-Himmelsrichtungen entsprechen den Elementen: Nordwesten: Metall, Südwesten: Erde, Nordosten: Erde, Südosten: Holz.
Jede der vier Haupt-Himmelsrichtungen repräsentiert wiederum eine der vier Jahreszeiten, eine Farbe, eine Form und so weiter.

? *Wofür steht das Element Holz?*

Stellen Sie sich einen Baum vor oder auch einen Grashalm. Beide sind hoch gewachsen in Form einer Säule. Die Wuchsrichtung (Energie) geht von unten nach oben und dehnt sich dann in alle Richtungen aus. Menschen mit viel Holz-Energie sind spielerisch, neugierig und orientieren sich vor allem an sich selbst. Sie wollen »ihr eigenes Ding« machen.

In Wohnräumen findet sich das Element Holz in säulenförmiger Dekoration, in längsgestreiften Tapeten, Gardinen, Teppichmustern oder anderen Bodenbelägen, in lebenden Pflanzen und Blumen sowie in allen Grüntönen der Einrichtung (etwa das Sofa oder die Wand).
Weitere Analogien zum Element Holz finden Sie in der Tabelle auf Seite 241.

? *Wo zeigt sich das Element Feuer?*

Stellen Sie sich ein Feuer in der Natur vor, vielleicht einen Waldbrand oder ein Lagerfeuer. Die Energie geht, wie auch die Flammen, von unten nach oben. Feuertypen sind sehr euphorisch, die Emotion des Elements ist die Freude. Menschen mit viel Feuer-Energie lieben Harmonie und wollen Spaß haben, vor allem auch mit anderen Menschen.
Das Element Feuer zeigt sich in Wohnräumen zum Beispiel in den Materialien Leder, Fell und Kunststoff sowie in allen gezackten, eckigen oder spitzen Formen (bei Kunstgegenständen oder in Mustern von Gardinen und Tapeten). Feuer-Farben sind alle Rot-, Lila- und Pinktöne und ein ganz helles Hellblau (Himmelblau), etwa für Wand, Sofa, Gardinen und Ähnliches.
Weitere Analogien zum Element Feuer finden Sie in der Tabelle auf Seite 242.

? *Welche Energie beschreibt das Element Erde?*

Beim Element Erde stellen Sie sich am besten feuchten Mutterboden oder auch den Sand der

Wüste vor. Die Erde-Energie dreht sich um die eigene Achse, man kann sagen, sie hat das ganze Potenzial in sich. Erde-Menschen fragen stets, ob etwas sinnvoll ist, und handeln vernünftig. Sie setzen sich mit Realitäten auseinander und gehen gern dauerhafte Bindungen ein. Sie sind eher befangen, wägen ab und suchen Sicherheit, etwa in Form eines Sparbuchs und beim Hauskauf.
In Wohnräumen zeigt sich das Element Erde etwa in den Einrichtungsfarben Braun, Beige und Gelb bis Orange (Erdtöne) sowie in flachen, quadratischen Formen. Auch Querstreifen in Böden, Gardinen oder Stoffen wie auch Bodenfliesen (quadratische Form) oder Teppichfliesen entsprechen dem Element Erde.
Weitere Analogien zum Element Erde finden Sie in der Tabelle auf Seite 243.

? *Womit steht das Element Metall in Verbindung?*

In der Natur muss man tief in der Erde graben, um auf die unterschiedlichen Arten von Metall zu stoßen. Die Energie des Metalls fließt verdichtend nach innen. Metall-Menschen können sich selbst und ihre Kräfte gut einschätzen. Sie sehen die Dinge etwas aus der Distanz und sind wettbewerbsorientiert. Der Zen-Meister verkörpert am besten die reine Metall-Energie.
Das Element Metall zeigt sich in Wohnräumen in runden Gegenständen wie Teppichen, Tischen und Ähnlichem sowie in dem Material Metall und in den Farben Grau, Weiß, Silber und Gold in Wanddekorationen, Bodenbelägen oder Accessoires.
Weitere Analogien zum Element Metall finden Sie in der Tabelle auf Seite 244.

? *Welche Energie wird mit dem Element Wasser beschrieben?*

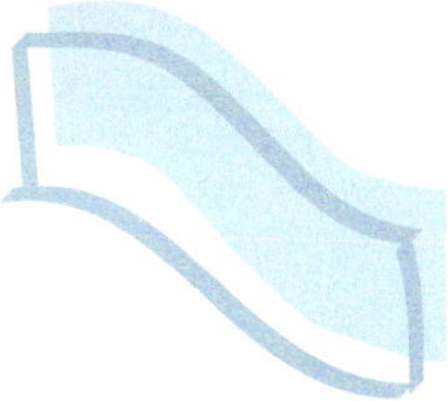

Wasser in der Natur kann ein Fluss, ein kleiner Teich oder das Meer sein, auch der Regen zählt dazu (Wasserkreislauf). An ihm ist der Fluss der Energie am leichtesten nachzuvollziehen: Sie fließt von oben nach unten.
Wasser braucht immer Freiraum. Es lässt sich nicht festhalten, es fließt oder bewegt sich immer. Je mehr man dem freien Fließen und dem Bewegen in den Weg legt, desto mehr wird vom Wasser überschwemmt.
Wasser-Menschen sind sehr sensibel und spüren deshalb manchmal eher als andere, dass etwas in der Luft liegt. Sie sind sehr rational und intellektuell veranlagt und schauen sich die Dinge aus der Distanz an. Ein Wasser-Mensch kann sachlich, ohne Emotionen diskutieren und die eigene Meinung aus fachlichen Diskussionen heraushalten. Außerdem sind Wasser-Menschen Tabubrecher, und es gibt praktisch nichts, was sie nicht denken. Tiefgründige Themen sowie Forschung und Lehre sind im Element Wasser zu Hause.
In Wohnräumen findet sich das Element Wasser in den Materialien Glas und Spiegel, im Wasser selbst (Wasserspiel, Brunnen), in allen asymmetrischen Formen und Mustern von Teppichen, Tapeten, Gardinen oder sonstigen Stoffen. Die Wasser-Energie zeigt sich auch in den Farben Blau (bis auf ganz helles Hellblau, das dem Element Feuer zugeordnet ist) und in Schwarz. Da diese Farben Energie absorbieren, sollten Sie Dunkelblau oder Schwarz nicht großflächig auf Wände auftragen (siehe hierzu auch das Kapitel Farben ab Seite 68).
Weitere Analogien zum Element Wasser finden Sie in der Tabelle auf Seite 245.

? *Welche Formen werden welchen Elementen zugeordnet?*

- Dem Element Holz entspricht ein aufrecht stehendes Rechteck (pfeilerförmig),
- dem Element Feuer eine drei- oder mehreckige Form (gezackt oder sternenförmig),
- dem Element Erde eine quadratische oder rechteckige Form (liegend-viereckig)
- dem Element Metall eine runde oder ovale Form,
- dem Element Wasser eine asymetrische Form.

Die Grundlagen zu den fünf Elementen finden Sie ab Seite 59 sowie im Praxisteil bei jedem Zimmer.

? *Wie kann ich den nährenden Kreislauf in meiner Wohnung umsetzen?*

Sie können die Schwerpunkte bei der Wahl der Elemente entsprechend Ihren Bedürfnissen setzen. Das Element, mit dem Sie sich besonders unterstützen möchten, könnten Sie in den nährenden Elementezyklus einbetten (Kasten rechts) und in den Raum einbringen.
Ein Beispiel: Sie möchten Feuer einbringen. Zum Element Feuer passen sehr gut Holz und Erde (Zuordnung siehe Kasten rechts). Vielleicht gestalten Sie Ihr Wohnzimmer nun mit einer Wandfarbe in Bordeaux und wählen hierzu einen Parkettboden in einem Erdton (Braun/Beige). Auch wenn das Material des Parkettbodens Holz ist, so überwiegt doch die Form des Parketts. Wird ein Dielenboden im Wohnraum quer verlegt, entspricht er nämlich dem Element Erde. (Nur wenn er längs verlegt wird, entspricht er der Holzform und damit dem Element Holz.) Das Element Holz bringen Sie durch schöne Zimmerpflanzen ein. Vielleicht nutzen Sie auch die Holz-, Feuer- und/oder Erdtöne in weiteren Dekorationsgegenständen, etwa in Stores, Sofakissen oder Decken.

So verhalten sich die Elemente zueinander

Nährender Kreislauf der Elemente

Holz	brennt und bringt
Feuer	hervor, das Asche hinterlässt oder
Erde	aus welcher
Metall	gewonnen wird, das, geschmolzen, fließt wie
Wasser	welches notwendig ist, um
Holz	wachsen zu lassen – und so weiter.

Zerstörender Kreislauf der Elemente

Holz	entzieht der Erde ihre Nährkraft,
Erde	verschmutzt Wasser,
Wasser	löscht Feuer,
Feuer	schmilzt Metall,
Metall	durchschneidet Holz – und so weiter.

Über die Wandfarbe wird das Element Feuer dominieren, eingebettet in die beiden Elemente Holz (Zimmerpflanzen) und Erde (quer verlegter Parkettboden), die damit ebenfalls besonders angesprochen und unterstützt werden. Passend sind immer die Elemente, die vor oder hinter dem Element stehen, das Sie unterstützen möchten, also:

- Holz – Feuer – Erde
- Feuer – Erde – Metall
- Erde – Metall – Wasser
- Metall – Wasser – Holz
- Wasser – Holz – Feuer

? *Wie kombiniere ich die fünf Elemente am besten in meiner Wohnung?*

Möchten Sie einen harmonischen Raum, der von jedem Bewohner und Gast gleichermaßen genutzt werden kann,

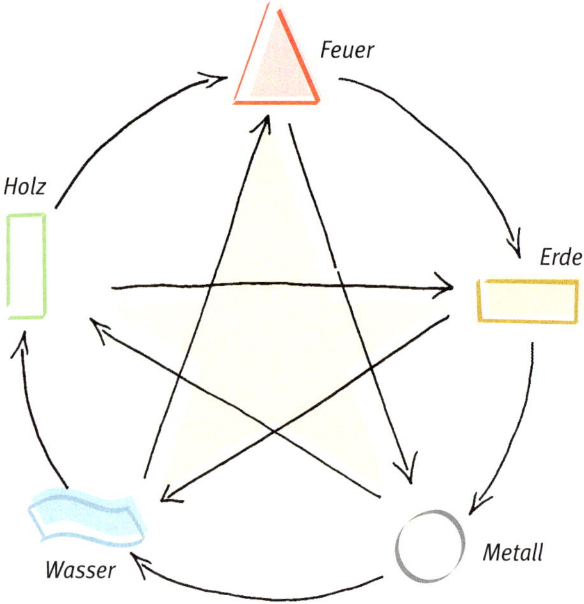

Der stete Kreislauf der Elemente, die sich gegenseitig stärken, aber auch schwächen können.

dann sollten alle fünf Elemente – in unterschiedlichen Varianten – in diesem Raum vorhanden sein. Ein Beispiel für ein Wohnzimmer:

- Wandfarbe Weiß (gilt als neutral),
- Holz-Energie über Pflanzen,
- Feuer-Energie über eine Couch in Rottönen und weitere rote Dekorationen,
- Erde-Energie über einen beigefarbenenen Holzboden,
- Metall-Energie über einen runden Tisch oder Teppich,
- Wasser-Energie über ein asymmetrisches Teppichmuster (kann kunterbunt sein), Glasmöbel oder (soweit das in den Raum passt) über den Einsatz von Spiegeln.

Beachten Sie aber, dass bei dieser Variante keine Person individuell unterstützt wird.

? *Kann ich auch über Farben die fünf Elemente in einen Raum einbringen?*

Jedem Element entsprechen ganz bestimmte Farben. Somit können Sie ein bestimmtes Element über eine bestimmte Farbe in einen Raum einbringen. Natürlich könnten Sie streng genommen jedes Zimmer nach den Himmelsrichtungen farblich gestalten, also die Wand im Süden in den Farben des Feuers, die im Norden in den Farben des Wassers (ab Seite 241). Das wäre zwar im Sinne von Feng Shui richtig, aber nicht unbedingt schön.
Eine weitere Möglichkeit der Orientierung bietet die Farbgestaltung nach der Raumnutzung. Das Kinderzimmer bekäme dann die Farbe Grün (Holz), das Esszimmer die Farbe Gelb (Erde), das Schlafzimmer die Farbe Blau und so weiter (Seite 69).
Praktikabler und sinnvoller ist es allerdings, wenn Sie die Räume farblich nach Ihren Bedürfnissen gestalten und die weiteren Elemente über Muster, Materialien und Formen einbringen (Tabellen ab Seite 241).
Mit welchen Elementen Sie sich persönlich fördern können, erfahren Sie im Farbentest ab Seite 73.

? *Wie kann ich herausfinden, welche Elemente mir ganz persönlich guttun?*

Bei jedem Menschen gibt es stark und schwach ausgeprägte oder gar fehlende Elemente. Sind Ihnen diese bekannt, dann können Sie sie gezielt in Ihre Wohnung einbringen und sich somit unterstützen. Führen Sie dazu den Farbentest ab Seite 73 durch. Das Ergebnis zeigt Ihnen, was Sie in Ihrer aktuellen Lebensphase gerade benötigen und was Ihnen guttut.
Ein Feng Shui-Berater könnte das sogenannte fördernde Element (englisch »supporting element«) auch durch eine genaue Berechnung Ihres Horoskops ermitteln.

? *Wirken Farben tatsächlich auf Menschen?*

Sie haben auf Seite 10 bereits erfahren, dass die menschlichen Zellen Schwingungsinformationen aus der Umgebung, also auch aus den Wohnräumen aufnehmen (Resonanzprinzip). Auch Farben senden diese Schwingungen aus, oder, wie bereits der englische Physiker Isaac Newton feststellte, »Farben sind Schwingungen«. Der englische Farbforscher Theo Gimbel (1920–2004) fand sogar heraus, dass »Farben verglichen mit Tönen eine höhere Schwingung haben«. Es ist also kein Wunder, dass Farben in der Feng Shui-Lehre eine wichtige Rolle spielen.

? *Wie kann ich mir die Wirkung von Farben auf den Menschen vorstellen?*

Schließen Sie die Augen und lassen Sie in Ihrem Kopf Ihren Lieblingssong abspielen. Was passiert, wenn Sie dieses Lied hören? Wie fühlen Sie sich? Wie reagieren Sie darauf? Richtig, die Stimmung steigt, Sie lächeln, ein Energieschub durchströmt Ihren Körper.
Ähnliches oder noch mehr können Sie durch die richtige Farbe an Ihren Wänden bewirken. Da Sie viele Stunden in Ihren Wohnräumen zubringen, wirken die Farben intensiv auf Sie. Ohne dass Sie es merken, nehmen Sie die Schwingungen der Farben passiv auf (Resonanzprinzip, Seiten 10 und 11).

? *Stimmt es, dass Farben sogar heilen können?*

Farben werden in der Naturheilkunde zur Therapie ganz unterschiedlicher Krankheitsbilder eingesetzt, etwa bei Problemen mit dem Blutdruck, bei Depressionen, bei Mager- und bei Fettsucht. Aber: So heilsam Farben sein können, so sehr ist auch eine negative Beeinflussung durch eine falsche Farbwahl möglich.

? *Welche Farben können Menschen denn negativ beeinflussen?*

Das hängt immer mit der Persönlichkeit und den Veranlagungen eines Menschen zusammen.
Ein hyperaktiver oder cholerischer Mensch sollte den Einsatz der Farbe Rot in seinem Wohnbereich weitgehend vermeiden. Rot wirkt stark anregend, wärmend und belebend und fördert damit Leidenschaft und Lebendigkeit – aber auch Gewalt und Aggression. Wer mit starken Gewichtsproblemen zu tun hat, sollte dagegen bei Orange vorsichtig sein, da es stark appetitanregend wirkt und den Genuss in jeder Form fördert. Bei Magersucht oder Appetitlosigkeit hingegen kann Orange sehr positiv wirken. Ab Seite 77 erfahren Sie die Wirkung der einzelnen Farben.

? *Gibt es ideale Farben für bestimmte Räume?*

Ideal sind eigentlich immer die Farben, die auf die Bedürfnisse der Bewohner abgestimmt sind (siehe Farbentest ab Seite 73). Wenn Sie die Farbe jedoch nach der Raumnutzung aussuchen möchten, gilt folgende Grundregel:

- Kinderzimmer
  im Element Holz = Grün.
- Arbeitszimmer
  im Element Feuer = Rot.
- Esszimmer, Küche, Wohnzimmer
  im Element Erde = Gelb.
- Ruheraum, Leseraum, Meditationsecke
  im Element Metall = Grau.
- Schlafzimmer, Bad/WC
  im Element Wasser = Blau.

? *Was bewirken die richtigen Farben in meinen Wohnräumen?*

Mit den richtigen, im Farbentest ab Seite 73 selbst ermittelten Farben können Sie gezielt Bereiche, in denen Sie sich häufig aufhalten, für Ihre eigenen Zwecke aktivieren und beleben. Sie können damit aber auch Energie beruhigen, wenn diese zu dynamisch ist und nicht zur Nutzung des entsprechenden Wohnraums passt. Die Kunst besteht also darin, eine Balance der Räume herzustellen und die darin lebenden Bewohner mit dem jeweils fördernden Element zu unterstützen.

Die richtigen Farben in Ihren Räumen sind eine einfache und kostengünstige, aber höchst wirksame Möglichkeit, sich in optimaler Weise zu unterstützen. Sie haben bereits im Zusammenhang mit den fünf Elementen erfahren, dass bei Menschen nicht alle Facetten einer Perönlichkeit in gleichem Maß ausgeprägt sind. Einige Elemente sind sehr stark vertreten, andere weniger oder gar nicht.

? *Warum soll ich Bereiche und Eigenschaften fördern, die nur schwach ausgeprägt sind?*

Für die Entwicklung eines Menschen birgt es ungeahnte Chancen und Potenziale, gerade die weniger aktiven Bereiche und scheinbar schwächer ausgeprägten Fähigkeiten im Laufe des Lebens zu erschließen. Nicht selten schlummern in den vernachlässigten Ecken sogar besondere Begabungen. Es gibt Menschen, die im Alter zwischen 35 und 45 Jahren damit anfangen, Dinge zu tun, die sie sich in jungen Jahren nie zugetraut hätten und die sie sogar zu ihren Schwachstellen gezählt haben. Damit ist nicht gemeint, dass sie dem Trend einer kurzfristigen Selbstverwirklichung folgen. Vielmehr geht es um eine Erweiterung und »Komplettierung« ihrer Persönlichkeit.

? *Soll ich mit der fördernden Farbe die Wände streichen oder das Zimmer dekorieren?*

Sie können beides tun. Die Wirkung ist am stärksten, wenn Sie die Wände in der fördernden Farbe streichen, was vielen Menschen zu Beginn jedoch sehr schwer fällt. Mit der nicht so geliebten und vertrauten Farbe sollten Sie deshalb anfangs vielleicht zurückhaltend umgehen und diese nur punktuell einbringen. Versuchen Sie es doch einfach mit einem farbigen Anstrich nur einer Wand in Ihrem persönlichen Raum.

Wenn Sie lieber erst einmal mit Gardinen, Teppichen oder Dekorationsgegenständen in den entsprechenden Farben starten – keine Sorge, auch das tut seine Wirkung. Statt eines neuen Wandanstrichs können Sie beispielsweise eine entsprechende Bett- oder Nachtwäsche wählen. Oder starten Sie mit den Hobbys und Tätigkeiten des jeweiligen Elements (Kasten Seite 83). Sie werden schnell merken, was Ihnen guttut!

Sicher ist, je mehr Zugang Sie zu Ihrer fehlenden oder schwach ausgeprägten Energie bekommen, desto mehr werden Sie die dazugehörigen Farben bejahen. Irgendwann mögen Sie vielleicht auch ein Zimmer in der Sie fördernden Wandfarbe, mit der Sie sich im Moment noch gar nicht anfreunden können.

? *Wie finde ich selbst die richtigen Farben?*

Sie können im ausführlichen Selbsttest ab Seite 73 sehr genau herausfinden, welche Farben Sie in Ihrer aktuellen Lebenssituation unterstützen können.

Wiederholen Sie diesen Test etwa alle drei Jahren, da sich Ihre Lebensthemen vermutlich ändern werden. Außerdem sollte eine Wohnung ohnehin möglichst nach drei Jahren frisch gestrichen werden.

Gegensätze ziehen sich an

Jeder Mensch wird aus Feng Shui-Sicht zwar mit allen fünf Elementen geboren, ein oder zwei Elemente sind aber meist wenig ausgebildet. Diese gilt es zu erschließen und zu fördern, damit der Mensch sich weiterentwickeln und aus allen fünf Elementen in sich schöpfen kann.

Oft begegnen uns Menschen, die genau die Qualitäten mitbringen, die bei uns nicht oder nur wenig ausgeprägt sind. Das zieht uns magisch an, und wir bewundern gerade diese Fähigkeiten zu Beginn einer Beziehung sehr.

Im Lauf der Zeit fangen wir dann aber an, genau an den vormals so geschätzten Eigenschaften herumzukritisieren. Woran liegt das? Bei genauer Betrachtung entsprechen die inzwischen nicht mehr geschätzten Eigenschaften unseres Partners oftmals genau dem eigenen fehlenden Element, das vermeintlich nicht zu unserer Energie passt. Wir werden durch den Partner permanent mit dem »Mangel« konfrontiert, weshalb wir uns in die energetische Richtung des Partners bewegen und uns etwas von seiner Fähigkeit zu eigen machen müssen. Wenn wir uns darauf einlassen und die Chance ergreifen, dann können wir uns zu einer »vollständigeren« Persönlichkeit entwickeln.

Dieses Ziel wird in der Feng Shui-Lehre mit Hilfe des sogenannten fördernden Elements (maximal zwei Elemente) verfolgt.

Farbentest (nach Elke Weßling)

SCHRITT 1:

Wählen Sie aus den folgenden fünf Farbpaletten drei bis vier aus, die Sie mögen und nutzen, sowohl für Ihre Kleidung als auch in Ihrer Wohnung für Gegenstände wie beispielsweise Ihr Auto.

GRÜN steht für

- die Farben Grün, Maigrün, Tannengrün, Meergrün, Oliv

ROT steht für

- die Farben Rot, Purpur, Bordeaux, Violett, Himmelblau

GELB steht für

- die Farben Gelb, Zitronengelb, Orange, Apricot, Ocker

GRAU steht für

- die Farben Grau, Weiß, Silber, Gold

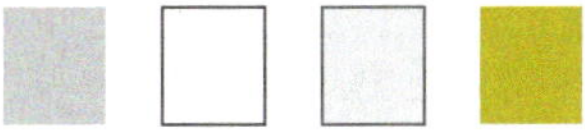

BLAU steht für

- die Farben Ultramarin (Dunkelblau), Azurblau/ Türkis, Schwarz

Schritt 2:

Vermutlich gibt es einen oder zwei Farbenbereich(e), die Sie nicht mögen oder nutzen. Die untere Aufstellung sagt Ihnen, welchen Elementen die Farben entsprechen.

- GRÜN: Element Holz
- ROT: Element Feuer
- GELB: Element Erde
- GRAU: Element Metall
- BLAU: Element Wasser

Schritt 3:

Vergleichen Sie nun, welche der fünf Elemente Ihnen besonders entsprechen (drei oder vier) und welche wenig mit Ihren typischen Eigenschaften zu tun haben.

HOLZ unterstützt

- Spieltrieb
- neugierig und naiv sein – wie Kinder
- optimistisch sein
- ohne Beschränkung leben
- Ziele umsetzen wollen
- tolerant sein
- kreativ sein

FEUER unterstützt

- aktiv sein, Ideen entwickeln
- Freude am Leben haben
- Entdecken des Du (Reflektion)
- Hingabe (Dinge mit Freude erledigen)
- Liebe (zu Mensch und Tier und zum Leben generell)
- Leichtigkeit
- Mut und Zuversicht

ERDE unterstützt

- Fürsorglichkeit
- Zuverlässigkeit und Treue
- beschützen, behüten, bewahren
- sich mit der Realität auseinandersetzen
- nach dem Kosten-Nutzen-Prinzip vorgehen
- starkes Denkvermögen (Intellekt), manchmal zu Lasten der Aktivität

METALL unterstützt

- Grenzen ziehen
- Unabhängigkeit
- eigene Kräfte gut einschätzen können
- Dinge/Aufgaben durchziehen
- Struktur und Ordnung schaffen
- sich trennen können
- Disziplin (im positiven Sinne)

WASSER unterstützt

- Kommunikationsfreude
- unterwegs sein (reisen)
- Gedanken vertiefen, sich auf die Tiefe des Lebens einlassen (in jeder Form)
- Weisheit (oder die Suche danach)
- mit dem Strom des Lebens fließen
- Entspannung, Ruhe

➤ Haben Sie das Element gefunden, das mit Ihren typischen Eigenschaften nur wenig übereinstimmt? Das ist Ihr fehlendes oder schwach ausgeprägtes Element. Vielleicht sind es sogar zwei Elemente.

➤ Entspricht es der Farbpalette, die Sie nicht mögen oder nutzen? Das liegt daran, dass wir uns oft mit den weniger ausgeprägten Seiten in uns nicht so recht anfreunden mögen. Deshalb sind uns die Farben, die mit diesen Bereichen in Verbindung stehen, auch oft fremd und manchmal sogar unangenehm. Sollte das in Ihrem Fall so sein, fangen Sie klein an. Unterstützen Sie sich mit einfachen, aber sehr wirkungsvollen Mitteln. Lesen Sie weiter bei Schritt 4!

- Gibt es bei Ihnen kein Farbspektrum, das Sie meiden und/oder keines der oben beschriebenen Elemente, die nur sehr schwach ausgeprägt sind, dann können Sie die Elemente und Farben für einige Zeit gezielt einsetzen, um einen Bereich stärker auszubilden. Vielleicht gehören Sie ja auch zu den Menschen, die mit der Fähigkeit ausgestattet sind, das eigene Energiefeld zu verlassen und sich selbst entsprechend ihrem Lebensauftrag zu entwickeln.
- Stimmt die Farbe nicht mit dem Element überein, sollten Sie noch einmal prüfen, welche Eigenschaften bei Ihnen schwach besetzt sind. Fragen Sie auch Ihre Familie oder Freunde, lassen Sie sich aber nicht überreden, wenn es sich für Sie selbst nicht stimmig anfühlt. Vielleicht versuchen Sie einfach, die gemiedene Farbe etwas mehr in Ihre Wohnung einzubringen – und warten ab, ob etwas passiert. Oder Sie wiederholen den Test in ein paar Wochen noch einmal.

SCHRITT 4:
Konzentrieren Sie sich auf den folgenden Seiten nun auf die Farbe(n) (maximal zwei), die Sie nicht gewählt haben, die Sie also (noch) nicht mögen, und merken Sie sich auch das Element, das der Farbe zugeordnet ist.
Achten Sie bei Ihrer Auswahl darauf, welcher Farbton aus dem entsprechenden Bereich Sie am besten fördert. Lesen Sie, wie er wirkt oder was er unterstützt. Bringen Sie den gewählten (fördernden) Ton als Farbe oder Element in Ihre Räume ein! Vielleicht streichen Sie erst einmal einen Wandausschnitt oder dekorieren mit verschiedenen Gegenständen in der ungewohnten Farbe, bevor Sie einen Raum komplett in der neuen Farbe streichen.

GRÜN → ELEMENT HOLZ

Grün:
Wirkt beruhigend, bewahrend, besänftigend, erfrischend. Fördert Hoffnung, Natürlichkeit, Vertrauen, Erholung, Erleichterung, Geborgenheit, Beständigkeit, Harmonie. Kräftigt das Herz, aktiviert die Hormone.

Maigrün (Gelbgrün):
Wirkt heiter, unbekümmert, fördert Wachstum, Erneuerung und die Aufnahme neuer Ideen. Unterstützt Klarheit, Konfliktstabilität und das Loslassen von Altem.

Tannengrün (abgedunkeltes Meergrün):
Steht für Bewahren, Hegen, Pflegen. Fördert ein Gefühl von Tradition, Sicherheit und Schutz. Steht für hohe Beständigkeit und Wertigkeit und für eine konservative Haltung.

Meergrün (Blaugrün):
Unterstützt die Bewegung, die Fähigkeit zur Wiederherstellung und Integration. Wirkt auf den Körper beruhigend und kühlend, somit hilft es bei der Linderung von Entzündungen.
Achtung: Der Antrieb zum geregelten Arbeiten kann nachlassen; eine Struktur zu finden fällt mit Meergrün schwer.

Oliv (abgedunkeltes Maigrün):
Fördert die Unterordnung im Team, der individuelle Aspekt tritt in den Hintergrund. Unterstützt den Gedanken des Dienens, der Bereitschaft, für andere Menschen da zu sein, sich anzupassen an eine Gruppe.

Rot:

Impulsiv, aufregend, energetisierend, dynamisch, leidenschaftlich, freudig. Im Raum ist Rot dominant, macht eine sehr aktive Raumenergie, fördert den Ideenaustausch und die Kommunikation.
Achtung: Falsch eingesetzt kann die »aggressive« Farbe Rot auch schaden, vor allem bei Menschen mit zu viel Feuer, wie Choleriker oder Bluthochdruck-Patienten.

Purpur (Blaurot):

Weckt Leidenschaft und Geist, steht in Verbindung mit der zweiten und dritten Lebenshälfte, steht für den geistigen Höhenflug und ein hohes Harmoniebedürfnis.
Kirchlich/klerikal (geistliche Macht).

Bordeaux (abgedunkelte Mischung aus Rot und Purpur):

Steht für die kontrollierte Feuerkraft und eignet sich gut für die Bereiche Wohnen, Speisen, Kommunikation.

Violett (Rotblau):

Meditativ, wertvoll, exklusiv, geistig, melancholisch. Steht für Extravaganz, Phantasie, Sehnsüchte, Magie, Sensibilität.

Himmelblau (Weißblau):

Unterstützt den Ausflug zu neuen Ideen und Träumen.
Wirkt mehr auf Weite, Träume, Passivität. Als Wandfarbe lässt Himmelblau die Wände weiter erscheinen und öffnet den Raum.
Achtung: Strukturiertes Arbeiten wird nicht unterstützt.

GELB → ELEMENT ERDE

Gelb:
Fördert eine aufgeschlossene Haltung, Kommunikation, Hoffnung, Visionen. Regt den Appetit an und wirkt gegen Depressionen. Fördert gute Gedanken, Leichtigkeit, Fröhlichkeit und Wärme.

Zitronengelb (Gelbgrün):
Unterstützt aktiv bei einer Trennung, beim Abschluss von Altem. Steht für den Neubeginn und bringt Kreativität und Entwicklung (somit keine Dauerfarbe).

Orange (Rotgelb):
Unterstützt Arbeit, ebenso Genuss (auch Appetitanreger), Vergnügen, Geselligkeit, aber auch Sinnlichkeit bis hin zur Erotik.
Auf matten Oberflächen wirkt Orange hochwertig und edel, auf glänzenden Flächen kann Orange jedoch auch leicht billig wirken.

Apricot (Pastellorange):
Steht für feinfühlig, lieblich, schmeichelnd, sinnlich, zart. Sollte nicht langfristig im Raum eingesetzt werden. Ist ein Signal: Das Schutzbedürfnis ist nicht gedeckt.

Ocker (abgedunkeltes Orange):
Stabilisierende Farbe, die Zufriedenheit, Bindung, Beständigkeit, Ausdauer, soziale Aspekte unterstützt.

GRAU → ELEMENT METALL

Grau:

Grau steht für emotionale Distanz, Neutralität, kann die Neigung fördern, sich zu keiner Farbe zu bekennen. Trägt alle Farben in sich, kann auch eine andere Farbe hervorheben (wenn Grau im Hintergrund angewendet wird). Zu viel Grau kann eintönig sein. Steht für einen starken Intellekt, für Eleganz, Sachlichkeit und ist eher konservativ. Grau ist eine Architekturfarbe.

Weiß:

Farbe wirkt emotionslos, fördert das Zurücklassen alter Bindungen/das Loslassen, wirkt eventuell steril, eher leblos. Steht für Reinheit, Distanz und Sachlichkeit, aber auch für Schönheit. Im Wohnraum gilt die Wandfarbe Weiß als neutral und kann somit immer und überall eingesetzt werden.
In Asien steht Weiß auch für Trauer.

Silber:

Wirkt kälter und distanzierter als Gold, oft aber auch sehr elegant. Silber wird mit Schnelligkeit, Festlichkeit und Luxus in Verbindung gebracht.

Gold:

Attribute von Sonnengelb (siehe oben).
Verarbeitetes Gold kann schnell billig oder protzig wirken. Könnte gut mit Messing ersetzt werden.

BLAU → ELEMENT WASSER

Ultramarin (Dunkelblau):

Vertreibt Aggression und Nervosität, bringt Ruhe und Kühle in den Raum. Puls, Blutdruck, Atemfrequenz und die Wachfunktionen werden verringert und reguliert. So entspricht Ultramarin körperlich der Ruhe, psychologisch dem Zustand von Frieden und Zufriedenheit. Dennoch wird Blau nicht als dämpfend erlebt (vorausgesetzt, das Element Wasser ist für den Bewohner förderlich).
Unterstützt den Intellekt, das leidenschaftslose, distanzierte Denken. Wirkt entspannend, beruhigend, tief, ist konzentrationsfördernd.
Als Wandfarbe nicht großflächig verwenden, da zu schwer.

Azurblau/Türkis (Grünblau):

Fördert kreative, kommunikative Fähigkeiten und hilft auch zu entspannen, sich zu erholen, loszulassen, zu genießen.

Schwarz:

Fördert die Konzentration nach innen und schafft eine Abgrenzung nach außen, deshalb auch die Farbe der Macht und der Individualität. Steht damit auch für verdeckte Probleme, auch solche mit der Figur. Schwarz gilt als Schlankmacher (»Hüftgold« wird versteckt).
Schwarz schluckt die Raumenergie – deshalb nicht als flächige Wandfarbe verwenden.

? *In welchem Raum fange ich am besten mit der neuen Farbe an?*

Beginnen Sie nach dem Test am besten damit, eine Wand in Ihrem persönlichen Bereich in der neuen Farbe zu streichen oder Ihren Bereich mit entsprechend farbigen Gegenständen zu dekorieren. Lassen Sie die neue Farbe auf sich wirken und beobachten Sie die Veränderungen.

? *Wie kann ich für meine Kinder die richtigen Farben finden?*

Kinder reagieren noch viel direkter auf Farben, weshalb wir hier besonders vorsichtig sein sollten. Mit Hilfe des Farbentests können Sie auch für Ihr Kind oder mit ihm die förderliche(n) Farbe(n) herausfinden. Bedenken Sie aber, dass die kindliche Entwicklung wesentlich schneller und oft auch sprunghaft verläuft. Deshalb gilt das Ergebnis des Farbentests mit Kindern nur für einen relativ kurzen Zeitraum, und der Test muss entsprechend häufig wiederholt werden.
Sie sollten mit der/den ermittelten Farbe(n) auch nicht gleich die Wände des Kinderzimmers streichen, sondern sie eher zurückhaltend einbringen, also zum Beispiel in Gardinen, Teppichen und Dekorationsgegenständen.

? *In unserer Familie kommen wir beim Farbentest auf unterschiedliche Ergebnisse. Was können wir tun?*

Gestalten Sie die Gemeinschaftsräume entsprechend der fünf Elemente (Farbe, Form, Material), um allen Familienmitgliedern gerecht zu werden und ein harmonisches Ambiente zu schaffen (Seite 65). In Bad und Toilette legen Sie den Schwerpunkt auf die Elemente Metall, Wasser und/oder Holz.

Falls es persönliche Räume gibt, fördern Sie den jeweiligen Bewohner nach dem Ergebnis seines Farbentests. Sollte das nicht möglich sein, suchen Sie anstelle der Farbe geeignete Hobbys oder Tätigkeiten aus den jeweiligen Bereichen (Kasten unten).

Welche Tätigkeiten entsprechen welchen Elementen?

Element Holz:
Spazieren gehen im Wald und in der Natur; schnitzen; schreinern, mit dem Rohstoff Holz arbeiten; Ikebana (japanische Kunst des Blumensteckens); Blumen binden; Haare schneiden und frisieren; sich mit Kindern beschäftigen; alles, wozu Kreativität vonnöten ist: basteln, entwerfen, entwickeln; Spiele spielen – aber ohne Wettbewerb und Druck.

Element Feuer:
Sich in der Sonne bewegen; Urlaub im Süden verbringen; am Kamin sitzen; Tiere halten; reiten; im Laienschauspiel mitwirken; lehren/unterrichten; Reden halten; Vorsitz übernehmen – im Verein etwa – und sich damit auf die Bühne stellen; an Sportwettkämpfen teilnehmen; Motorsport ausüben.

Element Erde:
Mit Erde arbeiten (gärtnern, töpfern); sich mit Handarbeiten beschäftigen (sticken, stricken); Buch schreiben; Vereinsleben (Trachtenverein) pflegen; als Helfer im sozialen Bereich tätig sein (Ehrenamt); Pflege der Familie, auch der Tradition; kochen und backen.

Element Metall:
Fechten, schießen (Bogen/Gewehr); Goldschmiedearbeiten anfertigen; mit Metall arbeiten; meditieren;

Golf spielen; Schach spielen; sich mit Zeitmanagement beschäftigen; Struktur in den Alltag bringen; Organisationsaufgaben übernehmen; Besinnungstage einrichten (etwa im Kloster).

ELEMENT WASSER:
Wassersportarten (segeln, surfen, angeln, schwimmen, tauchen) ausüben; mit anderen Menschen Informationen austauschen (schriftlich oder mündlich); Reisen unternehmen in die Welt oder ins Innere (Traumreisen); sich mit Psychologie, Sterben/Tod, Philosophie, Religionen, Spiritualität beschäftigen.

DIE KUA-ZAHL

? *Was hat es mit den Kua-Zahlen auf sich?*

Kua-Zahlen dienen in der Feng Shui-Lehre als Ausgangsbasis für zahlreiche Berechnungen. Jede Kua-Zahl, die auch Gua-Zahl oder LoShu-Nummer genannt wird, ist fest mit einer der acht Himmelsrichtungen (den Trigrammen, Seite 116) verbunden.

Süden

	4	9	2	
Osten	3	5	7	Westen
	8	1	6	

Norden

Man kann von jedem Menschen mit Hilfe einer Formel (Seite 86) über das Geburtsdatum die persönliche Kua-Zahl ermitteln.

? Was sagt mir meine persönliche Kua-Zahl?

Ihre persönliche Kua-Zahl gibt vor allem Auskunft darüber, mit welcher Energie der jeweiligen Himmelsrichtung (und dementsprechend mit welchen Bereichen eines Wohnraums) Sie in besonderer Weise verbunden sind. Das heißt jedoch nicht, dass Sie mit den Energien und den damit verbundenen Themen bereits vertraut sind und diese in Ihre Persönlichkeit integriert haben. Deshalb kann es sehr hilfreich sein, die Elemente der jeweiligen Kua-Zahl-Energie verstärkt in die Wohnräume einzubringen. Manche Menschen werden dagegen durch ein anderes Element besser gefördert – und so in Verbindung mit der Energie ihrer Kua-Zahl gebracht. Um das persönlich fördernde Element zu ermitteln, empfehlen wir deshalb den Farbentest ab Seite 73. Sie können sich auch ein Horoskop erstellen lassen. Das fördernde Element (auch »supporting element« genannt) bringt die Persönlichkeit in Harmonie und Balance, da es den Zugang zu allen in ihr angelegten Bereichen ermöglicht.

? Gibt es Unterschiede bei der Berechnung, je nachdem, welchem Geschlecht ich angehöre?

Manche Berater machen da einen Unterschied. Wir dagegen gehen einfach von dem Geburtsdatum eines Menschen aus, unabhängig ob weiblich oder männlich. Warum? Denken Sie an das Yin-Yang-Symbol (Seite 51). Es zeigt uns, dass in jedem Yin auch ein Anteil Yang steckt und in jedem Yang auch ein Anteil Yin. Entsprechend stecken in jeder Frau männliche Anteile und in jedem Mann weibliche. In welchem Maß, ist individuell unterschiedlich. Sicher kennen Sie Frauen, die besonders männlich wirken, und Männer, die sehr viele weibliche Züge in sich tragen. Diese Einsicht hat sich auch im Westen längst durchgesetzt. Es gibt also keinen vernünftigen Grund, bei der Berechnung der Kua-Zahl geschlechtsspezifische Unterschiede zu machen.

? *Wie berechne ich meine Kua-Zahl?*

Der Einfachheit halber haben wir die Kua-Zahlen für die Geburtsjahrgänge 1920 bis 2010 berechnet und in einer Tabelle aufgelistet (Anhang ab Seite 246).
Sie können Ihre Kua-Zahl aber auch selbst berechnen, indem Sie folgende Formel zu Hilfe nehmen: Bilden Sie aus den letzten beiden Zahlen Ihres Geburtsjahres die Quersumme. Falls diese Zahl zweistellig ist (also 10 oder höher), bilden Sie erneut eine Quersumme, damit sich eine einstellige Zahl ergibt. Hierzu einige Berechungsbeispiele:
Geburtsjahr [19]XX = X + X = Y
Ziehen Sie das Ergebnis von 10 ab: 10–Y = Kua-Zahl

- **Geboren 1948**
  = 4 + 8 = 12 → 1 + 2 = 3 → 10–3 = Kua-Zahl 7
- **Geboren 1956**
  = 5 + 6 = 11 → 1 + 1 = 2 → 10–2 = Kua-Zahl 8

Ab dem Geburtsjahr 2000 ziehen Sie das Ergebnis von 9 ab:
Geburtsjahr [20]XX = X + X = Y 9–Y = Kua-Zahl

- **Geboren 2003**
  = 0 + 3 = 3 → 9–3 = Kua-Zahl 6
- **Geboren 2000**
  = 0 + 0 = 0 → 9–0 = Kua-Zahl 9

Eine einzige Besonderheit ist bei der Berechnung Ihrer Kua-Zahl zu beachten: Sind Sie nach der Wintersonnenwende (21./22./23. Dezember) eines Jahres geboren, dann addieren Sie ein Lebensjahr zu Ihrem Geburtsjahr hinzu, bevor Sie Ihre Kua-Zahl berechnen. Dazu ein Berechnungsbeispiel:

- **Geboren 25. Dezember 1962** (1962 + 1 = 1963)
  = 6 + 3 = 9 → 10–9 = Kua-Zahl 1

Was besagen nun die Kua-Zahlen im einzelnen?

Die Analogien zu den Zahlen werden am anschaulichsten, wenn Sie eine Verbindung zur Natur herstellen und diese Bilder auf das aktuelle Leben der Menschen mit der jeweiligen Kua-Zahl beziehen (im Uhrzeigersinn).

KUA-ZAHL 1 – NORDEN (Element Wasser)

Vorbild in der Natur:
Der Norden entspricht der dunklen und kalten Jahreszeit, dem Winter. Im Winter schauen wir in unsere eigenen Tiefen, nach innen. Es ist eine Zeit geistiger Sammlung und Wegfindung. Man kann auch sagen, dass das Element Wasser, das der Himmelsrichtung Norden entspricht, immer nach unten, der tiefsten Stelle zufließt.

Menschen mit der Kua-Zahl 1:
Wer mit dieser Zahl verbunden ist, wird sich im realen Leben (im Erwachsenenalter) mit der weiblichen Energie (Yin) verbunden fühlen und einen Zugang zu den eigenen Tiefen (der Seele) suchen, was auch die geistige Sammlung und Wegfindung betreffen kann. Die Themen Routine und Wiederholungen fallen ebenfalls in diesen Bereich.

KUA-ZAHL 8 – NORDOSTEN (Element Erde)

Vorbild in der Natur:
Der Zyklus endet im Nordosten. Dieser Bereich steht somit für Stillstand, Bewegungslosigkeit, Vollendung und Neubeginn zugleich. Es herrscht Ruhe und Beständigkeit. Die Aufmerksamkeit ist nach innen gerichtet.

Menschen mit der Kua-Zahl 8:
Wer mit dieser Zahl verbunden ist, wird sich im realen Leben (im Erwachsenenalter) mit Dingen konfrontiert sehen, die es zu vollenden gilt. Auch die Themen Durchhaltevermögen, Ruhe und Beständigkeit werden Menschen mit dieser Kua-Zahl beschäftigen.

Kua-Zahl 3 – Osten (Element Holz)

Vorbild in der Natur:
Die Jahreszeit des Ostens ist fest verbunden mit dem Erwachen der Natur im Frühling, dem Sonnenaufgang, dem Aufgang der Planeten.

Menschen mit der Kua-Zahl 3:
Wer mit dieser Zahl verbunden ist, wird sich im realen Leben (im Erwachsenenalter) mit Dingen konfrontiert sehen, die Kreativität erfordern und den Mut zum Neuanfang. Menschen mit der Kua-Zahl 3 werden sich mit Anregungen (von innen oder außen) und körperlicher Bewegung beschäftigen.

Kua-Zahl 4 – Südosten (Element Holz)

Vorbild in der Natur:
Die Pflanzenwelt in der Natur zeigt im Frühsommer eine sanfte, alles durchdringende Kraft, die für innere Entfaltung und Wachstum steht.

Menschen mit der Kua-Zahl 4:
Wer mit dieser Zahl verbunden ist, wird sich im realen Leben (im Erwachsenenalter) mit Dingen konfrontiert sehen, die ihn zu innerem Wachstum und der Entfaltung innerer Kräfte führen wollen.

Kua-Zahl 9 – Süden (Element Feuer)

Vorbild in der Natur:
Die Wärme der Sonne im Sommer lässt die Dinge reifen und steht für den Höhepunkt der Lebenskraft (Yang) und des individuellen Bewusstseins.

Menschen mit der Kua-Zahl 9:
Wer mit dieser Zahl verbunden ist, wird sich im realen Leben (im Erwachsenenalter) mit der männlichen Energie (Yang) verbunden fühlen und sich mit Lebenskraft, Aktivität und einem individuellen Bewusstsein beschäftigen. Aber auch Liebesfähigkeit, Leichtigkeit und Freude beschäftigen Personen mit der Kua-Zahl 9.

KUA-ZAHL 2 – SÜDWESTEN (Element Erde)

Vorbild in der Natur:

Durch die Wärme und das Licht sind die Früchte in der Erde reif geworden. Die Erntezeit und eine Zeit zum Empfangen ist angezeigt, wenn der Boden wieder neu gepflügt und die Saat ausgebracht wird.

Menschen mit der Kua-Zahl 2:

Wer mit dieser Zahl verbunden ist, wird sich im realen Leben (im Erwachsenenalter) mit Dingen konfrontiert sehen, die Yin-Qualitäten erfordern, wie empfangen können und Erfahrungen aufnehmen und in sich reifen lassen. Der gereifte Mensch erkennt den eigenen Anteil an dem, was ihm widerfährt, und weiß um die eigenen Schwachstellen. Dadurch können Entwicklung und langsames Wachstum stattfinden.

KUA-ZAHL 7 – WESTEN (Element Metall)

Vorbild in der Natur:

Nach den Anstrengungen der Ernte folgt eine Zeit der Entspannung und der Freude, der Heiterkeit und des Rückblicks. Aber es wird auch Bilanz gezogen: Wie ist die Ernte ausgefallen?

Menschen mit der Kua-Zahl 7:

Wer mit dieser Zahl verbunden ist, wird sich im realen Leben (im Erwachsenenalter) mit Dingen konfrontiert sehen, die sich mit dem Lernen und dem Sammeln und Umsetzen von Wissen beschäftigen. Auch Heiterkeit, Entspannung und Freude sollen ins Leben geholt werden.

KUA-ZAHL 6 – NORDWESTEN (Element Metall)

Vorbild in der Natur:

Im Spätherbst werden die Tage kürzer, äußere Aktivitäten ruhen, die Bäume haben ihre Blätter abgeworfen und die Aufmerksamkeit ist nach innen gerichtet.

Menschen mit der Kua-Zahl 6:

Wer mit dieser Zahl verbunden ist, wird sich im realen

Leben (im Erwachsenenalter) mit Dingen konfrontiert sehen, die ihn mit seiner Aufmerksamkeit nach innen führen wollen. Ziel ist es, einen schöpferischen Prozess anzustoßen, um Neues in die Welt zu tragen. Bei Rückzug und Leere entsteht ein neuer Raum, in dem etwas geboren werden kann.

Kua-Zahl 5 – Zentrum

In der Feng Shui-Lehre heißt es, aus dem Zentrum der Erde kommt alles, und das Zentrum der Erde trägt alles in sich.

Menschen mit der Kua-Zahl 5:

Sie sind mit allen Himmelsrichtungen verbunden, besonders mit den beiden Bereichen der Erde: Kua-Zahl 2 (Südwesten) und Kua-Zahl 8 (Nordosten).

? *Welchen Bezug hat meine persönliche Kua-Zahl mit meiner Wohnung?*

Wird die persönliche Kua-Zahl mit dem Geburtsdatum des Hauses verbunden, dann erhalten Sie konkrete Hinweise darauf, wie das Haus energetisch auf den Bewohner wirkt. Die Kua-Zahl des Hauses (nach Perioden) finden Sie in den entsprechenden Tabellen ab Seite 93, Ihre persönliche Kua-Zahl und die weiterer Bewohner finden Sie, wenn Sie sie nicht selbst berechnen oder sich vergewissern möchten, im Anhang ab Seite 246.

? *Wie ermittle ich das Geburtsjahr eines Hauses? Entspricht dieses dem Baujahr?*

Ein Haus wird in dem Jahr »geboren«, in dem es Energie halten kann, also wenn das Haus ein Dach sowie Fenster und Türen bekommt. Sollte ein Haus später massiv umgebaut werden, sodass neue Energie in den Räumen eingefangen wird, dann gilt das Umbaujahr als neues Geburtsdatum des Gebäudes. Dasselbe gilt, wenn die Haustür versetzt wird, da durch diese Maßnahme eine völlig andere Energie ins Haus kommt. Eine Grundsanierung eines alten Gebäudes zählt jedoch nicht dazu, so lange nicht auch massive Umbauten, wie etwa der Durchbruch oder das Versetzen von Wänden, stattfinden.

? *Wie finde ich heraus, welche Räume und welche Raumteile für mich persönlich förderlich sind?*

Wenn Sie das Zentrum Ihres Hauses (Seite 118) ermittelt haben, werden Sie für jeden der neun Bereiche unterschiedliche Energiequalitäten feststellen. Je nach Größe und Aufteilung Ihres Gesamtgrundrisses kann es nun sein, dass ein Raum in zwei Energiebereiche fällt oder sich auch ein Energiebereich auf zwei (angrenzende) Räume erstreckt. Die Himmelsrichtungen (Haupt- und Neben-Himmelsrichtungen), die Sie auf den Grundriss übertragen können und in die eines der neun Felder fällt, zeigen Ihnen dann, wie die Raumenergie auf Sie als Bewohner wirkt. Diese Energie wirkt bei einem Einfamilienhaus auf allen Etagen in gleicher Weise.

Günstige Bereiche:
- sehr fördernd
- sehr günstig
- fördernd
- günstig (2 Bereiche)

Ungünstige Bereiche:
- stagnierend
- unruhig
- wenig fördernd (2 Bereiche)

Nach Möglichkeit sollten Sie die günstigen Bereiche eines Raumes zum Sitzen und Liegen wählen. Planen Sie Ihren Schlafplatz nicht in den Bereichen stagnierender und unruhiger Energie. Und wählen Sie als Kinderzimmer einen Raum, der, entsprechend der persönlichen Kua-Zahl Ihres Kindes, in einem günstigen Bereich liegt.

Versuchen Sie, die Bereiche mit der stagnierenden Energie zu beleben, indem Sie einen Gestaltungsschwerpunkt ins Yang legen. Auch das Farbspektrum Rot könnte belebend wirken, sollte aber unbedingt zu der Person und der Raumnutzung passen (Farbenlehre ab Seite 68).
In den folgenden Tabellen (nach Gebäudealter) finden Sie die Wirkung der Räume oder Raumteile, sortiert nach den Kua-Zahlen der Bewohner und nach den acht Himmelsrichtungen (Trigrammen).
Eine Ausnahme bildet die Kua-Zahl 5 (Seite 90). In diesem Fall machen Sie die Wirkung der Himmelsrichtungen eines Raumes nicht am Alter des Gebäudes fest, sondern an der Himmelsrichtung Ihrer Haustür beziehungsweise an der Himmelsrichtung der Eingangstür Ihrer Wohnung. Wie Sie Himmelsrichtungen bestimmen, können Sie im Kasten Seite 101 nachlesen.

GEBÄUDEALTER = 22.12.1882 BIS 21.12.1902

Dieses Gebäudealter wird zur Periode 2 gezählt.

Kua-Zahl	Norden	Nord-osten	Osten	Süd-osten
1	wenig fördernd	günstig	sehr fördernd	günstig
2	sehr günstig	günstig	wenig fördernd	stagnie-rend
3	stagnie-rend	günstig	fördernd	sehr günstig
4	wenig fördernd	günstig	sehr günstig	fördernd
6	fördernd	günstig	stagnie-rend	wenig fördernd
7	günstig	günstig	unruhig	wenig fördernd
8	sehr fördernd	günstig	wenig fördernd	unruhig
9	unruhig	günstig	günstig	sehr fördernd

Kua-Zahl	Süden	Süd-westen	Westen	Nord-westen	Zentrum
1	wenig fördernd	unruhig	fördernd	sehr günstig	stagnie-rend
2	sehr fördernd	fördernd	unruhig	wenig fördernd	günstig
3	unruhig	wenig fördernd	sehr fördernd	günstig	wenig fördernd
4	wenig fördernd	stagnie-rend	günstig	sehr fördernd	unruhig
6	günstig	sehr günstig	wenig fördernd	stagnie-rend	sehr günstig
7	fördernd	sehr fördernd	wenig fördernd	stagnie-rend	sehr günstig
8	sehr günstig	günstig	stagnie-rend	wenig fördernd	fördernd
9	stagnie-rend	wenig fördernd	sehr günstig	fördernd	wenig fördernd

GEBÄUDEALTER = 22.12.1902 BIS 22.12.1922

Dieses Gebäudealter wird zur Periode 3 gezählt.

Kua-Zahl	Norden	Nord-osten	Osten	Süd-osten
1	unruhig	wenig fördernd	günstig	stagnierend
2	fördernd	sehr fördernd	stagnierend	günstig
3	wenig fördernd	unruhig	sehr günstig	wenig fördernd
4	stagnierend	wenig fördernd	fördernd	unruhig
6	sehr günstig	günstig	wenig fördernd	sehr fördernd
7	sehr fördernd	fördernd	wenig fördernd	sehr günstig
8	günstig	sehr günstig	unruhig	fördernd
9	wenig fördernd	stagnierend	sehr fördernd	wenig fördernd

Kua-Zahl	Süden	Süd-westen	Westen	Nord-westen	Zentrum
1	wenig fördernd	sehr fördernd	günstig	fördernd	sehr günstig
2	sehr günstig	wenig fördernd	günstig	unruhig	wenig fördernd
3	stagnierend	fördernd	günstig	sehr fördernd	günstig
4	wenig fördernd	sehr günstig	günstig	günstig	sehr fördernd
6	fördernd	stagnierend	günstig	wenig fördernd	unruhig
7	günstig	unruhig	günstig	wenig fördernd	stagnierend
8	sehr fördernd	wenig fördernd	günstig	stagnierend	wenig fördernd
9	unruhig	günstig	günstig	sehr günstig	fördernd

GEBÄUDEALTER = 23.12.1922 BIS 22.12.1942

Dieses Gebäudealter wird zur Periode 4 gezählt.

Kua-Zahl	Norden	Nord-osten	Osten	Süd-osten
1	sehr fördernd	wenig fördernd	stagnierend	sehr günstig
2	wenig fördernd	sehr günstig	günstig	wenig fördernd
3	fördernd	stagnierend	wenig fördernd	günstig
4	sehr günstig	wenig fördernd	unruhig	sehr fördernd
6	stagnierend	fördernd	sehr fördernd	unruhig
7	unruhig	günstig	sehr günstig	stagnierend
8	wenig fördernd	sehr fördernd	fördernd	wenig fördernd
9	günstig	unruhig	wenig fördernd	fördernd

Kua-Zahl	Süden	Süd-westen	Westen	Nord-westen	Zentrum
1	unruhig	günstig	wenig fördernd	günstig	fördernd
2	fördernd	stagnierend	sehr fördernd	günstig	unruhig
3	wenig fördernd	sehr günstig	unruhig	günstig	sehr fördernd
4	stagnierend	fördernd	wenig fördernd	günstig	günstig
6	sehr günstig	wenig fördernd	günstig	günstig	wenig fördernd
7	sehr fördernd	wenig fördernd	fördernd	günstig	wenig fördernd
8	günstig	unruhig	sehr günstig	günstig	stagnierend
9	wenig fördernd	sehr fördernd	stagnierend	günstig	sehr günstig

Gebäudealter = 23.12.1942 bis 22.12.1962

Dieses Gebäudealter wird zur Periode 5 gezählt.

Kua-Zahl	Norden	Nord-osten	Osten	Süd-osten
1	günstig	unruhig	sehr günstig	fördernd
2	stagnie-rend	fördernd	wenig fördernd	unruhig
3	sehr günstig	wenig fördernd	günstig	sehr fördernd
4	fördernd	stagnie-rend	sehr fördernd	günstig
6	wenig fördernd	sehr günstig	unruhig	wenig fördernd
7	wenig fördernd	sehr fördernd	stagnie-rend	wenig fördernd
8	unruhig	günstig	wenig fördernd	stagnie-rend
9	sehr fördernd	wenig fördernd	fördernd	sehr günstig

Kua-Zahl	Süden	Süd-westen	Westen	Nord-westen	Zentrum
1	sehr fördernd	stagnie-rend	wenig fördernd	wenig fördernd	günstig
2	wenig fördernd	günstig	sehr günstig	sehr fördernd	günstig
3	fördernd	wenig fördernd	stagnie-rend	unruhig	günstig
4	sehr günstig	unruhig	wenig fördernd	wenig fördernd	günstig
6	stagnie-rend	sehr fördernd	fördernd	günstig	günstig
7	unruhig	sehr günstig	günstig	fördernd	günstig
8	wenig fördernd	fördernd	sehr fördernd	sehr günstig	günstig
9	günstig	wenig fördernd	unruhig	stagnie-rend	günstig

GEBÄUDEALTER = 23.12.1962 BIS 22.12.1982

Dieses Gebäudealter wird zur Periode 6 gezählt.

Kua-Zahl	Norden	Nord-osten	Osten	Süd-osten
1	stagnierend	sehr fördernd	fördernd	günstig
2	günstig	wenig fördernd	unruhig	günstig
3	wenig fördernd	fördernd	sehr fördernd	günstig
4	unruhig	sehr günstig	günstig	günstig
6	sehr fördernd	stagnierend	wenig fördernd	günstig
7	sehr günstig	unruhig	wenig fördernd	günstig
8	fördernd	wenig fördernd	stagnierend	günstig
9	wenig fördernd	günstig	sehr günstig	günstig

Kua-Zahl	Süden	Süd-westen	Westen	Nord-westen	Zentrum
1	günstig	sehr günstig	unruhig	wenig fördernd	wenig fördernd
2	stagnierend	wenig fördernd	fördernd	sehr günstig	sehr fördernd
3	sehr günstig	günstig	wenig fördernd	stagnierend	unruhig
4	fördernd	sehr fördernd	stagnierend	wenig fördernd	wenig fördernd
6	wenig fördernd	unruhig	sehr günstig	fördernd	günstig
7	wenig fördernd	stagnierend	sehr fördernd	günstig	fördernd
8	unruhig	wenig fördernd	günstig	sehr fördernd	sehr günstig
9	sehr fördernd	fördernd	wenig fördernd	unruhig	stagnierend

Gebäudealter = 23.12.1982 bis 22.12.2002

Dieses Gebäudealter wird zur Periode 7 gezählt.

Kua-Zahl	Norden	Nord-osten	Osten	Süd-osten
1	sehr günstig	günstig	günstig	wenig fördernd
2	wenig fördernd	stagnie-rend	günstig	sehr fördernd
3	günstig	sehr günstig	günstig	unruhig
4	sehr fördernd	fördernd	günstig	wenig fördernd
6	unruhig	wenig fördernd	günstig	günstig
7	stagnie-rend	wenig fördernd	günstig	fördernd
8	wenig fördernd	unruhig	günstig	sehr günstig
9	fördernd	sehr fördernd	günstig	günstig

Kua-Zahl	Süden	Süd-westen	Westen	Nord-westen	Zentrum
1	stagnie-rend	fördernd	sehr fördernd	unruhig	wenig fördernd
2	günstig	unruhig	wenig fördernd	fördernd	sehr günstig
3	wenig fördernd	sehr fördernd	fördernd	wenig fördernd	stagnie-rend
4	unruhig	günstig	sehr günstig	stagnie-rend	wenig fördernd
6	sehr fördernd	wenig fördernd	stagnie-rend	sehr günstig	fördernd
7	sehr günstig	wenig fördernd	unruhig	sehr fördernd	günstig
8	fördernd	stagnie-rend	wenig fördernd	günstig	sehr fördernd
9	stagnie-rend	wenig fördernd	sehr günstig	günstig	unruhig

GEBÄUDEALTER = 23.12.2002 BIS 22.12.2022

Dieses Gebäudealter wird zur Periode 8 gezählt.

Kua-Zahl	Norden	Nordosten	Osten	Südosten
1	fördernd	stagnierend	wenig fördernd	wenig fördernd
2	unruhig	günstig	sehr fördernd	sehr günstig
3	sehr fördernd	wenig fördernd	unruhig	stagnierend
4	günstig	unruhig	wenig fördernd	wenig fördernd
6	wenig fördernd	sehr fördernd	günstig	fördernd
7	wenig fördernd	sehr günstig	fördernd	günstig
8	stagnierend	fördernd	sehr günstig	sehr fördernd
9	sehr günstig	wenig fördernd	stagnierend	unruhig

Kua-Zahl	Süden	Südwesten	Westen	Nordwesten	Zentrum
1	sehr günstig	günstig	günstig	sehr fördernd	unruhig
2	wenig fördernd	günstig	stagnierend	wenig fördernd	fördernd
3	günstig	günstig	sehr günstig	fördernd	wenig fördernd
4	sehr fördernd	günstig	fördernd	sehr günstig	stagnierend
6	unruhig	günstig	wenig fördernd	stagnierend	sehr günstig
7	stagnierend	günstig	wenig fördernd	unruhig	sehr fördernd
8	wenig fördernd	günstig	unruhig	wenig fördernd	günstig
9	fördernd	günstig	sehr fördernd	günstig	wenig fördernd

Eine Ausnahme: die Kua-Zahl 5

Siehe Erklärung auf Seite 92.

Eingang	Norden	Nordosten	Osten	Südosten
Norden	günstig	unruhig	sehr günstig	fördernd
Nordosten	unruhig	günstig	wenig fördernd	stagnierend
Osten	sehr günstig	wenig fördernd	günstig	sehr fördernd
Südosten	fördernd	stagnierend	sehr fördernd	günstig
Süden	sehr fördernd	wenig fördernd	fördernd	sehr günstig
Südwesten	stagnierend	fördernd	wenig fördernd	unruhig
Westen	wenig fördernd	sehr fördernd	stagnierend	wenig fördernd
Nordwesten	wenig fördernd	sehr günstig	unruhig	wenig fördernd

Eingang	Süden	Südwesten	Westen	Nordwesten	Zentrum
Norden	sehr fördernd	stagnierend	wenig fördernd	wenig fördernd	günstig
Nordosten	wenig fördernd	fördernd	sehr fördernd	sehr günstig	günstig
Osten	fördernd	wenig fördernd	stagnierend	unruhig	günstig
Südosten	sehr günstig	unruhig	wenig fördernd	wenig fördernd	günstig
Süden	günstig	wenig fördernd	unruhig	stagnierend	günstig
Südwesten	wenig fördernd	günstig	sehr günstig	sehr fördernd	günstig
Westen	unruhig	sehr günstig	günstig	fördernd	günstig
Nordwesten	stagnierend	sehr fördernd	fördernd	günstig	günstig

Die Formenschule – die Umgebung eines Hauses

? *Was ist für die Formenschule von Bedeutung?*

Die Formenschule beschäftigt sich vor allem mit den Formen und Konturen der Umgebung eines Gebäudes. Dazu gehören die Landschafts-, Grundstücks- und Gebäudeform. Diese stehen wiederum mit den Elementen in Verbindung. Berücksichtigt werden in der Formenschule zudem die Einflüsse der Nachbarhäuser auf das Gebäude sowie die Straßen und Gewässer der Umgebung und natürlich als nächste Umgebung der eigene Garten und das eigene Grundstück.

Tipp

So gebrauchen Sie Ihren Kompass richtig

Bei der Anwendung von Feng Shui ist Ihnen ein Kompass sehr nützlich. Damit Sie bei der Ermittlung der Himmelsrichtungen auch richtig liegen, hier eine kurze Anleitung zum Gebrauch:

- Stellen Sie sich für Ihre Messung zuerst in die richtige Ausgangsposition.
- Wenn Sie richtig stehen, sollten Sie Ihren Kompass (ein-)norden. Drehen Sie hierzu den Kompassring mit den jeweiligen Richtungsangaben so lange, bis die markierte bewegliche Nadelseite (meist in der Farbe Rot) und der üblicherweise ebenso markierte Pfeil in der Kompassrichtung Norden völlig aufeinanderliegen. Dann ist der Kompass eingenordet.
- Sie stehen jetzt mit dem Rücken an der Messstelle (zum Beispiel außen mit dem Rücken zur Eingangstür) und messen die Himmelsrichtung, aus der die Energie auf die Tür trifft (die Nadel bleibt eingenordet).

Die vier himmlischen Tiere

Schildkröte (Norden – Schwarz)

Die Schildkröte, auch die schwarze Schildkröte genannt, steht als Symbol für die hintere Seite eines Gebäudes und für die Himmelsrichtung Norden. Ein Haus liegt günstig, wenn es auf seiner Rückseite (ideal Norden) durch einen Berg geschützt wird. Dieser Berg bietet sichere Rückendeckung, wie der Rückenpanzer der Schildkröte.

Phönix (Süden – Rot)

Der Phönix, auch der rote Phönix genannt, wird symbolisch in Form einer Erhöhung (Fixpunkt) am Ende eines weiten oder freien Platzes vor dem Haus dargestellt. Der freie Blick auf den Phönix steht stellvertretend für eine klare Vision oder ein Ziel in der Zukunft (ideal Süden). Gibt es einen Phönix, dann ist auch ein freier Platz – mehr oder weniger groß – vorhanden (Ming Tang, Seite 108). Dieser steht für Weitblick, Offenheit und Flexibilität der Bewohner.

Drache (Osten – Grün)

Der Drache, auch der grüne Drache genannt, ist ein Symbol für die männliche Seite des Gebäudes (Yang-Energie). Die Landschaftsformation auf der linken Hausseite (ideal Osten) sollte höher liegen als der Tiger auf der anderen Seite und damit dem Haus die aktive Energie des Drachen bringen.

Tiger (Westen – Weiss)

Der Tiger, auch der weiße Tiger genannt, ist ein Symbol für die weibliche Seite des Gebäudes (Yin-Energie). Die Landschaftsformation auf der rechten Hausseite (ideal Westen) sollte niedriger sein als der Drache und damit dem Haus die ruhige (passive) Energie des Tigers bringen.

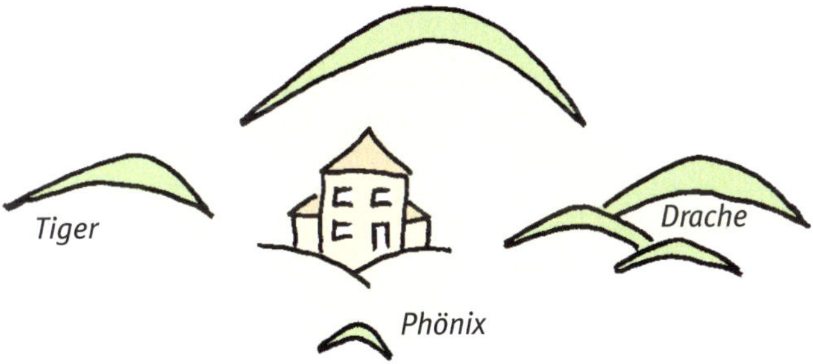

Die vier himmlischen Tiere: Mit einfachen Mitteln können Sie jedes der vier Prinzipien schaffen und damit für Harmonie und Balance in Ihrem Heim sorgen.

? Was kann die Formenschule über mich und mein Haus herausfinden?

Die Formenschule kann zunächst feststellen, ob Ihr Haus in seiner Umgebung gut eingebettet ist. Besonders aussagekräftig und informativ ist es, wenn die Prinzipien der sogenannten vier himmlischen Tiere auf ein Gebäude bezogen werden. Diese Prinzipien drücken das Bedürfnis des Menschen nach Sicherheit (Schildkröte – Yin – Norden) und Anregung (Phönix – Yang – Süden) auf der einen Seite und nach Ausgleich der Tatkraft (Drache – Yang – Osten) und Vorsicht (Tiger – Yin – Westen) auf der anderen Seite aus.

Die Ausprägung oder auch das Fehlen dieser oder eines dieser vier Prinzipien in der Umgebung eines Hauses geben dem Kundigen wichtige Auskünfte über die Bewohner des Gebäudes. Ein geschulter Blick kann zum Beispiel sehen, ob die Bewohner in materieller oder emotionaler Sicherheit leben, ob sie offen und flexibel sind oder ob sie aktiv oder eher passiv sind (siehe Kasten links). Auch hierbei spielt das Resonanzprinzip (Seiten 10 und 11) wieder eine große Rolle.

? *Was ist, wenn die Umgebung meines Hauses nicht ideal ist?*

Nur in den seltensten Fällen wird sich ein optimaler Zustand finden lassen. Zwar kann auch ein Stadthaus über die sogenannten vier himmlischen Tiere verfügen, aber es ist sogar in ländlichen Gebieten schwer, den idealen Baugrund ausfindig zu machen. Deshalb ist dieses Grundmuster der vier himmlischen Tiere als Analogie zu verstehen, die wir in allen uns umgebenden Lebensbereichen wiedererkennen. Sollte eines der Prinzipien fehlen oder sehr schwach ausgeprägt sein, zeigt das auf einer tieferen Ebene Themen und Entwicklungsaufgaben der Bewohnern auf, mit denen sie beschäftigt sind.

Eine schwache oder fehlende Schildkröte beispielsweise steht für eine Instabilität der Bewohner. Die Menschen stehen nicht fest auf beiden Beinen. Dabei kann es sich um eine innere Unsicherheit handeln und/oder um eine Unsicherheit auf der äußeren (sichtbaren) Ebene. Diese Instabilität könnte aufgrund eines Umbruchs in der momentanen Lebensphase hervorgerufen werden, etwa durch eine drohende Arbeitslosigkeit.

Wenn die Drachenseite schwach ist oder ganz fehlt, steht den Bewohnern nicht genug aktive Yang-Energie zur Verfügung. Diese Menschen sind weniger aktiv im Leben. Ihnen könnte es an Anregung mangeln, oder das Thema zeigt sich auf der materiellen Ebene (Geldfluss). Vielleicht sind auch die männlichen (erwachsenen) Bewohner geschwächt, und die Frauen dominieren.

? *Wie komme ich zum Schutz durch die Schildkröte?*

Ein Berg als idealer Rückenschutz für unser Gebäude dürfte nach realistischer Einschätzung nur selten vorzufinden sein. Sehr günstig ist auch ein Gebäude hinter Ihrem

Haus, das dieses von hinten schützt. Stellen Sie sich vor, es kämen Ausläufer einer leichten Schneelawine von hinten auf Ihr Haus zu. Was schützt Ihr Gebäude? Ein Gartenzaun mit hohen Sträuchern ist sicher besser als nichts, wird aber keinen echten Schutz bieten. Ein Hochhaus hinter einem Einfamilienhaus wird wegen seiner Größe wohl weniger als Schutz, sondern eher als Bedrohung empfunden. Ebenso sollte die Schildkröte, die Sie sich als überdimensionales Tier vorstellen können, nicht durch Autos gestört (geschwächt) werden. Eine Garagenzufahrt hinter dem Haus zum Beispiel schwächt folglich die Schildkröte.

? *Was bedeutet es, wenn der Schutz bei meinem Haus fehlt, zu schwach oder zu stark ist?*

Einem (oder mehreren) Bewohner(n) des Hauses fehlt in diesem Fall der stabile Rückenschutz. Hiervon können die unterschiedlichsten Bereiche betroffen sein, etwa die materielle Existenz oder eine generelle innere Unsicherheit und Labilität. Ebenso kann es zu erheblichen Problemen in der Partnerschaft oder zu schweren Krankheiten kommen, die Sie oder einen anderen Bewohner des Hauses (vorübergehend) aus der Bahn werfen. Was auch immer die Folge des fehlenden Rückenschutzes sein mag: Sicher ist, dass die Bewohner nicht fest auf beiden Beinen stehen und das Leben sie immer wieder in eine instabile Lage bringt.
Umgekehrt kann auch ein zu starker Rückenschutz durch die Größe und Dominanz des vermeintlichen Schutzobjekts das eigene Gebäude und seine Bewohner bedrohen. Dann kann von ausreichend Schutz keine Rede mehr sein, sondern vielmehr von einem schwachen oder gar nicht vorhandenen Rückenschutz, möglicherweise auch von einem Zuviel an Stabilität. Das äußert sich vielleicht in Sturheit oder Starrsinn.

? *Was kann ich aus der Drachenseite meines Hauses folgern?*

Der Drache steht in direkter Verbindung mit der Yang-Energie. Da wir Leben und Aktivität in unser Haus bringen möchten, sollte die Drachenseite immer stärker sein als die Tigerseite, die für Passivität und Substanz steht. Ein starker Drache bedeutet für die Bewohner aktiv zu sein, unterwegs zu sein, lebendig zu sein, ausreichend Anregung von außen zu bekommen, Geld zu verdienen, sich auf Neues gut einstellen zu können.
Der Drache sollte, bildlich gesprochen, neben Ihrem Gebäude ruhen können, zum Beispiel auf einer freien Rasenfläche des Grundstücks. Sollte sich daneben ein Nachbarhaus befinden, könnte der Drache auch auf diesem Haus einen ruhigen Platz finden. Wie die Schildkröte, so sollte auch der Drache nicht durch Autos aufgescheucht und damit geschwächt werden.

? *Was passiert, wenn ich keinen Drachen habe oder dieser zu schwach oder zu stark ist?*

Fehlt uns die Drachenenergie oder ist diese zu schwach ausgeprägt, dann fehlt uns die Aktivität im Leben, die Anregung von außen, der Austausch mit anderen Menschen, die Lebendigkeit. Das zeigt sich manchmal auch auf der Ebene des Zuflusses von Geld. Die aktive, antreibende Lebensenergie ist dann bei den Bewohnern zu wenig angesprochen. Oft führen diese ein zurückgezogenes und ruhiges Leben, sind nicht daran interessiert, unterwegs zu sein und neue Erfahrungen zu sammeln, unbekanntes Terrain zu betreten. Die fehlende Yang-Energie kann aber auch bedeuten, dass die Männer dieses Hauses eine schwache Stellung haben oder es gar keine männlichen Bewohner gibt. Ist dagegen die Drachenenergie zu dominant, dann

haben in der Regel die Männer eine starke energetische Unterstützung und sowohl im Haus als auch in der Partnerschaft das Sagen. Ein zu starker Drache kann aber auch bedeuten, dass die Bewohner viel oder ständig unterwegs sind und eher die Tendenz haben, sich auszupowern und ein extrovertiertes Leben zu führen.
Vermutlich fließt in diesem Fall zwar Geld ins Haus, ob es jedoch zu materieller Substanz wird, hängt von der Tigerseite ab. Falls diese keinen starken Gegenpol bildet, kann es sein, dass die Geldmittel den Betroffenen sprichwörtlich durch die Hände fließen.

? *Was sagt mir die Tigerseite meines Hauses?*

Der Tiger ist der Gegenpol zum Drachen. Er sorgt dafür, dass nicht nur Leben und Aktivität in unser Haus kommt, sondern dass wir auch regenerieren und Substanz bilden können, beispielsweise durch das Verarbeiten des Erlebten. Insgesamt sollte die Tigerseite zwar schwächer sein als die Drachenseite, aber keinesfalls fehlen.
Auch der Tiger sollte neben Ihrem Haus ruhen können, und zwar genauso wie der Drache auf der gegenüberliegenden Seite: entweder auf Ihrem Grundstück oder auf dem Nachbarhaus. Auch der Tiger sollte nicht durch Autos aufgescheucht und geschwächt werden.
Ein starker Tiger bedeutet für die Bewohner innere und äußere Substanz. Das kann sich in einer starken Persönlichkeit wie auch in materieller Stärke zeigen, Traditionen werden gewahrt, und das Geld kann gehalten werden.

? *Was geschieht, wenn ich keinen Tiger habe oder dieser zu schwach oder zu stark ist?*

Fehlt die Tigerenergie oder ist diese zu schwach ausgeprägt, dann haben es die Bewohner schwer, innere oder

äußere Substanz zu gewinnen. Vielleicht weiß der Bewohner trotz reifer Jahre nicht, wer er selbst eigentlich ist und was er mit seinem Leben sinnvollerweise anfangen soll. Oder er hat Schwierigkeiten, das verdiente Geld zu halten und zu mehren (vorausgesetzt, ein starker Drache sorgt dafür, dass überhaupt etwas reinkommt!), also zu materieller Substanz zu gelangen. Vielleicht zeigt der schwache Tiger aber auch, dass die Frauen dieses Hauses eine schwache Stellung haben.
Ist die Tigerenergie zu dominant, dann haben die Frauen eine starke energetische Unterstützung und damit in Partnerschaften oft das Zepter in der Hand. Die Bewohner sind vermutlich sehr traditionsbewusst und haben eher die Tendenz, wenig aktiv zu sein. Sie führen ein zurückgezogenes und sehr ruhiges Leben.

? *Und wie sieht es mit dem Platz vor einem Haus aus? Können wir ihn unbepflanzt lassen?*

Einen schönen freien Platz vor der Haustür nennen die Chinesen Ming Tang (heller Saal, auch Qi-Pool genannt). Hier kann sich die Energie sammeln und zirkulieren, um ruhig und regelmäßig zum Haus zu fließen.
Die Größe des freien Platzes sagt etwas darüber aus, ob die Bewohner des Hauses eher zukunftsorientiert oder stark in der Gegenwart leben. Ein großer Ming Tang steht für große Offenheit, was die Zukunft betrifft. Die Bewohner sind zudem gedanklich sehr flexibel. Denken Sie nur einmal an die USA, wo das klassische Einfamilienhaus stets einen großen Vorgarten beziehungsweise eine große Rasenfläche vor dem Haus hat. Amerikaner gelten im Allgemeinen als sehr offen und ausgesprochen flexibel, was ihre Vorstellungen von der Zukunft betrifft, und sie können sich auch im hohen Alter noch auf neue Gegebenheiten einstellen.

? *Wir möchten im Außenbereich einen Springbrunnen installieren. Welcher Platz ist der beste?*

Sollten Sie über einen schönen freien Platz vor der Haustür (Ming Tang) verfügen, können Sie dort fließendes Wasser (kein stehendes!) in Form eines Springbrunnens oder eines großen Steins mit fließendem Wasser anbringen. Da Wasser Qi anzieht, wird damit auch der Zufluss der Yang-Energie gestärkt. Falls Sie einen schwachen Drachen haben, können Sie diesen mit einem Springbrunnen vor der Haustür etwas ausgleichen. Aber achten Sie darauf, dass der Brunnen hinsichtlich der Größe zu Ihrem Haus passt. Wenn Sie unsicher sind, ob ein Brunnen auf Ihrem Grundstück geeignet ist, verzichten Sie besser darauf, denn mit Wasser sollten Sie immer vorsichtig umgehen.

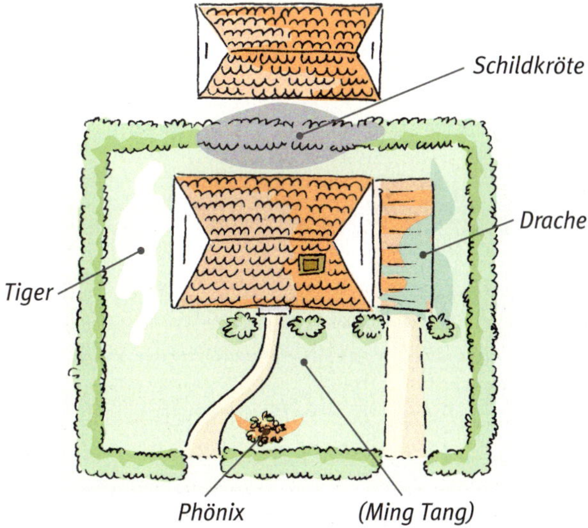

Dieses freistehende Haus ist durch die vier himmlischen Tiere, Schildkröte, Drache, Phönix und Tiger, optimal geschützt.

Die vier himmlischen Tiere bei einem frei stehenden Einfamilienhaus

RÜCKSEITE:
Ein frei stehendes Haus sollte immer einen Rückenschutz haben (schwarze Schildkröte im Norden). Idealerweise befindet sich ein Berg oder auch ein höheres Gebäude auf der Hinterseite. Auch eine dichte/hohe Hecke kann das Haus schützen, wenn sie auf der Rückseite des Hauses durch eine hohe/dichte Baumbepflanzung dahinter noch zusätzlich gestützt wird, unabhängig von der tatsächlichen Himmelsrichtung.

VORDERSEITE (AN DER EINGANGSTÜR):
Auf der Vorderseite des Gebäudes – vor der Haustür – sollte ein freier Raum (Ming Tang) sein, in dem sich das Qi sammeln kann und Platz ist für einen freien Blick, der sich an einer kleinen Erhöhung festmachen kann (der rote Phönix im Süden). Falls das nicht möglich ist, kann am Ende des freien Platzes eine kleine rote Bepflanzung den Phönix symbolisieren, unabhängig von der tatsächlichen Himmelsrichtung.

LINKE HAUSSEITE (VOM EINGANG MIT DEM RÜCKEN ZUR HAUSTÜR AUS BETRACHTET):
Die Drachenseite des Hauses sollte über eine höhere grüne Bepflanzung (steht mit dem Osten = Holz in Verbindung) oder einen sanften Hügel verfügen, der höher und damit dominanter ist als die (rechte) Tigerseite des Hauses. Falls das nicht möglich ist, kann auch ein hoher grüner Busch gepflanzt werden oder durch Erdaufschüttung ein kleiner Hügel errichtet werden, unabhängig von der tatsächlichen Himmelsrichtung.
Auch ein schöner freier Platz in Form einer grünen Wiese, der mit einer höheren Bepflanzung am Ende abschließt, ist günstig. Ebenso ist es möglich, ein

Gartenhäuschen auf die Drachenseite zu setzen. Achten Sie aber darauf, den Bereich schön zu gestalten, um dem männlichen Prinzip Achtung und Respekt zu zollen.

RECHTE HAUSSEITE (VOM EINGANG MIT DEM RÜCKEN ZUR HAUSTÜR AUS BETRACHTET):
Die Tigerseite des Hauses sollte mit einer niedrigeren weiß blühenden Bepflanzung oder einer kleinen Erhöhung (niedriger als die Drachenseite) gestaltet werden (steht mit dem Westen = Metall in Verbindung). Falls das nicht möglich ist, können Sie auch einen niedrigen weißen Busch pflanzen. Oder durch eine Erdaufschüttung eine kleine Erhöhung schaffen, die jedoch niedriger als die Drachenseite sein sollte, unabhängig von der tatsächlichen Himmelsrichtung.
Auch ein schöner freier Platz in Form einer grünen Wiese, der mit einer niedrigen Bepflanzung am Ende abschließt, wirkt sich günstig auf die Bewohner aus. Ebenso ist es möglich, ein Gartenhäuschen auf die Tigerseite zu setzen, wenn auf der Drachenseite zum Beispiel ein hohes Nachbargebäude steht. Denken Sie aber daran, auch diesen Bereich schön zu gestalten, um dem weiblichen Prinzip Achtung und Respekt zu zollen.

? *Und was hat es mit dem Phönix auf sich?*

Damit der Blick in die Zukunft Richtung und Ziel bekommt, ist der sogenannte Phönix notwendig. Der Phönix kann in Form einer kleinen (eventuell extra dafür aufgeschütteten) Erhebung künstlich angepflanzt werden, beispielsweise als kleiner Busch. Es ist aber auch möglich, eine Blumengruppe zu pflanzen oder ein Kunstobjekt aufzustellen, die den Phönix symbolisieren. Da der Phönix zum Süden gehört, sind blühende Pflanzen in Rot ausgesprochen günstig.

? *Bei unserem Haus gibt es keinen Phönix, aber einen Ming Tang. Was bedeutet das?*

Der Ming Tang macht Sie vermutlich offen und flexibel, was Ihre Zukunft betrifft. Sie haben wahrscheinlich allerlei Zukunftspläne und leben entsprechend zukunftsorientiert. Fehlt bei Ihnen der Phönix, dann sind Ihre Ziele und die Richtung Ihres Lebensweges weniger klar und eindeutig. Das heißt nicht, dass Sie keine Ziele haben, sondern dass Sie sehr flexibel sind und sich schnell auf neue Gegebenheiten einstellen – und vielleicht auch mehrere Ziele gleichzeitig verfolgen.

? *Wir haben keinen Ming Tang. Was sollen wir tun?*

Ihr Haus steht direkt am Bürgersteig oder an der Straße? Dann leben Sie vermutlich ganz in der Gegenwart. Zwar könnte die Energieversorgung Ihres Hauses ein wenig darunter leiden. Ansonsten besagt der fehlende Ming Tang lediglich, dass Sie sehr stark im Hier und Jetzt leben und weniger zukunftsorientiert sind. Die meisten Bewohner eines solchen Hauses wünschen sich, alles möge so bleiben, wie es ist, und lieben Veränderungen mit neuen Zukunftsperspektiven weniger. Allerdings leidet, was die Zukunft betrifft, auch Ihre Flexibilität darunter.

? *Gibt es eigentlich einen optimalen Grundriss einer Wohnung oder eines Hauses?*

Die Form eines geschlossenen Kreises bildet einen optimalen Grundriss, da alle Himmelsrichtungen im gleichen Maße angesprochen und vertreten sind. Dem entsprechen eine Rundhütte und ein Indianerzelt.
In unseren Breiten sind runde geschlossene Gebäude sehr

selten, vielmehr herrschen quadratische oder rechteckige Grundrisse vor, die dem Element Erde entsprechen. Hat die Wohnung einen anderen Grundriss, dann wird für die Arbeit mit Feng Shui der Bereich, der zu einer quadratischen oder rechteckigen Form fehlt (die sogenannte Fehlzone), in Gedanken ergänzt.
Da geschlosssene Quadrate und Rechtecke – ebenso wie der geschlossene Kreis – über die Energien aller Himmelsrichtungen verfügen, entsprechen sie gleichfalls einem optimalen Grundriss.

? *Wie erkenne ich die Fehlzonen in meinem Haus?*

Haben Sie den Grundriss Ihres Hauses vor sich liegen und stellen fest, dass weder eine quadratische noch eine rechteckige Form vorhanden ist, verbinden Sie die äußersten Punkte Ihres Grundrisses, bis diese die Form eines Quadrats oder Rechtecks bilden. Außenbereiche wie einen überdachten Balkon schließen Sie dabei allerdings nicht ein. Zum Wohnbereich gehört nur der umbaute Raum, bei dem alle vier Seiten geschlossen sind, also Boden, Decke, Wände und Fenster.
Haben Sie das Quadrat oder Rechteck geschlossen, sehen Sie die Fehlzonen Ihrer Wohnung – vielleicht ein Stück Außenbereich oder ein Teil der Nachbarwohnung.

? *Und was bewirken Fehlzonen?*

Da die sogenannten Fehlzonen nicht zu Ihrem Wohnraum gehören, werden Sie mit der jeweiligen Energie, die der Himmelsrichtung zugeordnet ist, nicht versorgt. Diese Unterversorgung kann sich in einem bestimmten Lebensthema zeigen oder auch auf Krankheitsdispositionen hinweisen, die sich nach Jahren manifestieren können (aber nicht müssen).

Themen, die bei den verschiedenen Fehlzonen eine Rolle spielen können

➤ **Norden** – Element Wasser
Bei einer Fehlzone im Norden ist die weibliche Energie (Yin) nicht optimal unterstützt und der Zugang zu den eigenen Tiefen (der Seele) geschwächt, was auch die geistige Sammlung und Wegfindung betreffen kann. Auch Routine und Handlungswiederholungen fallen den Betroffenen eher schwer.
Körperliche Dispositionen: Niere, Darm, Blase, weibliche Geschlechtsorgane, Ohren.

➤ **Nordosten** – Element Erde
Bei einer Fehlzone im Nordosten sind das Durchhaltevermögen sowie die Ruhe und Beständigkeit geschwächt. Vielleicht haben die Betroffenen auch Mühe, Dinge zu Ende zu führen.
Körperliche Dispositionen: Magen, Milz/Pankreas, Mund.

➤ **Osten** – Element Holz
Bei einer Fehlzone im Osten könnte die Kreativität geschwächt sein, außerdem der Mut für einen Neuanfang. Vielleicht fehlen den Bewohnern auch Anregungen und körperliche Bewegung.
Körperliche Dispositionen: Leber, Gallenblase, Augen.

➤ **Südosten** – Element Holz
Bei einer Fehlzone im Südosten werden bei den Bewohnern die innere Entfaltung und das innere Wachstum nicht optimal unterstützt.
Körperliche Dispositionen: Leber, Gallenblase, Augen.

➤ **Süden** – Element Feuer
Bei einer Fehlzone im Süden wird die männliche Energie (Yang) der Bewohner nicht optimal unterstützt, die für Lebenskraft, Aktivität und ein individuelles Bewusstsein steht, aber auch für Liebesfähigkeit, Freude und Leichtigkeit.
Körperliche Dispositionen: Dünndarm, Herz, Schilddrüse, männliche Geschlechtsorgane.

➤ **Südwesten** – Element Erde
Bei einer Fehlzone im Südwesten ist die empfangende Yin-Kraft geschwächt, außerdem die unterstützende Wachstumsenergie der Bewohner. Diese Energien braucht der Mensch zum Reifen, denn Erfahrungen im Leben wollen aufgenommen und verarbeitet werden. Die gereifte Persönlichkeit erkennt ihren eigenen Anteil an den Lebenserfahrungen und lernt auch durch das Erkennen der eigenen Schwachstellen, wo es gilt, sich zu verändern. Fehlt dem Menschen diese Fähigkeit des Annehmens, stellt sich nur sehr verzögert ein Entwicklungsprozess ein.
Körperliche Dispositionen: Weibliche Geschlechtsorgane (Mutterschaft), Magen, Milz/Pankreas, Mund.
In Verbindung mit einer Fehlzone im Nordwesten kann man häufig einen unerfüllten Kinderwunsch beobachten.

➤ **Westen** – Element Metall
Bei einer Fehlzone im Westen sind Heiterkeit, Entspannung und Freude nicht optimal unterstützt. Auch das Lernen und die Umsetzung von Wissen sind geschwächt.
Körperliche Dispositionen: Lunge, Dickdarm, Nase.

➤ **Nordwesten** – Element Metall
Bei einer Fehlzone im Nordwesten sind die Kreativität,

die gedankliche Inspiration und das Ankurbeln von Neuem geschwächt. Die männliche Kraft (Yang), die klare Orientierung und der schöpferische Prozess werden nicht gefördert.
Körperliche Dispositionen: Männliche Geschlechtsorgane (Vaterschaft), Lunge, Dickdarm, Nase.
In Verbindung mit einer Fehlzone im Südwesten kann man häufig einen unerfüllten Kinderwunsch beobachten.

? *Wie erkenne oder berechne ich, in welcher Himmelsrichtung (Trigramme) die Fehlzonen liegen?*

Ermitteln Sie zunächst den Mittelpunkt Ihres Grundrisses, indem Sie die vier äußersten Eckpunkte (mit Fehlzonen!) miteinander verbinden. Vom Mittelpunkt aus zeichnen Sie acht gleich große Bereiche wie Tortenstücke ein (wie in der Abbildung), die Sie mit einem Kompass den acht

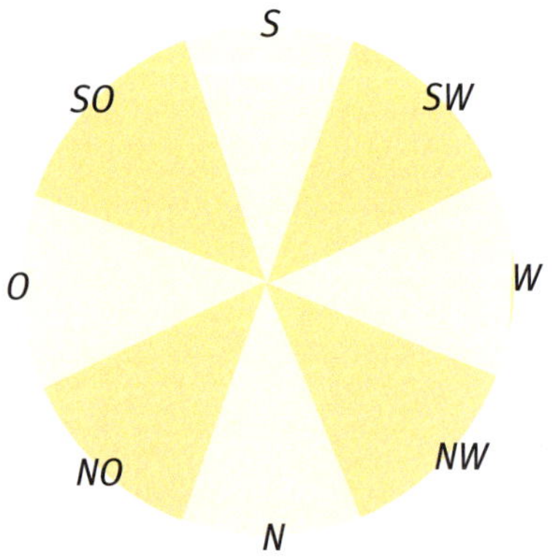

Die acht Trigramme, bestehend aus den vier Haupt- und den vier Zwischen-Himmelsrichtungen, symbolisieren alle Aspekte des Universums.

Himmelsrichtungen zuordnen: N, NO, O, SO, S, SW, W, NW. Die eingezeichneten acht Bereiche nennen sich in der Feng Shui-Lehre »Trigramme«. Die Trigramme werden in diesem Buch lediglich für die Ausdeutung der Fehlzonen mit Hilfe der Himmelsrichtungen angewendet.

? *Kann ich – außer umziehen – etwas tun, um Fehlzonen auszugleichen?*

Am effektivsten lösen Sie Fehlzonen in einem frei stehenden Einfamilienhaus auf, indem Sie in den betreffenden Ecken eine Vollverglasung vornehmen. Ohne Fehlzone steht Ihnen die ganze Energie der jeweiligen Himmelsrichtung zur Verfügung.
Ist das nicht möglich (etwa weil Sie in einer Mietwohnung leben), dann können Sie an der Innenwand der Fehlzone, sofern das den Qi-Fluss (ab Seite 35) positiv unterstützt, einen Spiegel oder auch ein Bild mit tiefem Hintergrund (beispielsweise mit einer fernen Landschaft oder einer Stadtansicht) anbringen. Das vermittelt symbolisch, dass es hinter der Wand noch weitergeht. Der Raum erhält an dieser Stelle also mehr Tiefe.
Bei Fehlzonen im Außenbereich eines Hauses können Sie dafür sorgen, dass der Fehlbereich hell, sauber und frei gehalten wird. Vermeiden Sie, dass er durch Pflanzen zuwuchert, und nutzen Sie ihn nicht als Gerümpelecke. Außerdem können Sie den Bereich gut ausleuchten und so gestalten, als gehöre er noch zum Wohnbereich, etwa Steine als Umrandung legen.
Trotz aller Hilfsmaßnahmen steht fest: Sie können Fehlbereiche nur bedingt ausgleichen. Es bleibt eine Schwächung der Himmelsrichtung, die Sie allenfalls abmildern können. Achten Sie deshalb darauf, die fehlenden Energiequalitäten auszugleichen (siehe Tabelle ab Seite 114) und körperlich in Balance zu bleiben, damit Sie selbst keine zusätzliche Angriffsfläche bieten.

Wie ermittle ich das Zentrum meiner Wohnung oder meines Hauses?

Sorgen Sie – wie auf Seite 113 beschrieben – dafür, dass der Grundriss Ihrer Wohnung ein Quadrat oder ein Rechteck bildet (Fehlzonen integrieren!). Jetzt teilen Sie dieses Rechteck oder Quadrat in neun gleich große Felder, indem Sie jede Seite in drei gleich große Abschnitte aufteilen und die jeweiligen Schnittpunkte miteinander verbinden. Sie erhalten dadurch ein sogenanntes LoShu-Quadrat (neun gleich große Felder). Das Feld in der Mitte stellt den Bereich des Zentrums dar (siehe Abbildung).

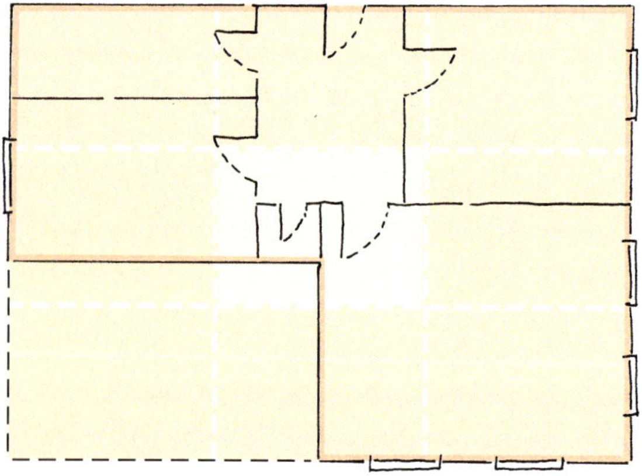

Das hellere Feld in der Mitte stellt das Zentrum der Wohnung dar. Durch seine Schnittpunkte ist es mit allen anderen Feldern (Zimmern) verbunden.

Muss ich im Zentrum meiner Wohnung auf etwas achten?

Im Zentrum eines Hauses, einer Wohnung oder eines Büros soll kein Wasser sein, also weder Zu- noch Abflüsse. Da das Zentrum in der Feng Shui-Lehre unter anderem in

Drei Beispiele zur Formenschule

Natürlich dürfen Sie bei Gebäuden auch Ihr Gespür und Ihre Intuition nutzen, denn vielfach kommt es auch auf die individuelle Wahrnehmung an, wenn wir störende Faktoren finden wollen. Die folgenden drei Beispiele sollen das verdeutlichen.

REICHSTAGSGEBÄUDE, BERLIN
Sitz des deutschen Bundestages

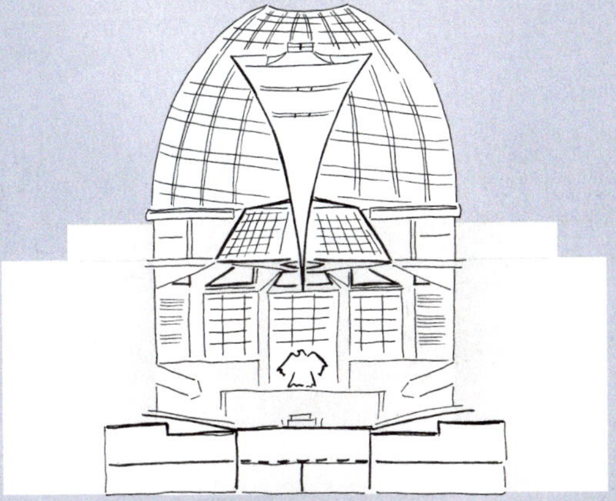

Der Stararchitekt Sir Norman Foster hat bei der Umgestaltung des Reichstagsgebäudes mit der lichten Deckenkonstruktion zwar einerseits für eine optimale Beleuchtung und Entlüftung des Plenarsaals gesorgt, unbestritten eine architektonische Besonderheit und Meisterleistung. Andererseits ist aus Feng Shui-Sicht aber zu erkennen, dass ein riesiger »Dorn« im Herzen des Gebäudes steckt, der ihm »Schmerzen« verursacht und zudem ein Miteinander energetisch erschwert. Der überdimensionale Dorn sprengt den Saal und sorgt damit stets für neuen Sprengstoff und neue Konflikte.

World Trade Center, New York
Twin Towers

Wir alle kennen die Geschichte des 11. September 2001, die nicht nur New York, sondern die ganze Welt erschüttert hat. Rufen wir uns die beiden identischen Zwillingstürme, erbaut von dem Architekten Minoru Yamasaki, noch einmal ins Gedächtnis, dann können wir nachvollziehen – rein intuitiv und ohne Feng Shui-Experte zu sein –, dass diese markanten, hoch aufragenden Gebäude symbolisch für Macht, Dominanz, grenzenloses Wachstum und Optimismus standen. Die Twin Towers drückten das Selbstverständnis und das Selbstbewusstsein der New Yorker Bevölkerung aus: »Das ist New York, die aufregendste Stadt der Welt. Wir sind imstande, alle Probleme zu lösen.«

»Hundertwasser«, Wien
Friedrich Stowasser (1928–2000)

Der Architekt und Künstler Fritz Stowasser, bekannt als »Friedensreich Hundertwasser«, setzte sich als

Umweltaktivist gegen Kernkraft, für Ökologie und für eine natur- und menschengerechtere Architektur ein. Da aus seiner Sicht gerade Linien in der Natur nicht vorkommen, sollten sie zum generellen Tabu erklärt werden. Hundertwasser wehrte sich gegen die Geometrisierung des Menschen und der Architektur. Er wollte die funktionelle Architektur sprengen und hat neben Wohnhäusern eine Reihe weiterer Gebäude für unterschiedliche Funktionen (Bahnhof, Kindertagesstätte, Kirche) geschaffen, die diesen Anspruch in Perfektion verkörpern. Dazu gehört auch die Ökologie, die er in seine Architektur immer mit einbezog. Bei seinen einprägsamen, farbenfrohen Bauten können wir intuitiv spüren – auch ohne Feng Shui-Experte zu sein –, dass es dem außergewöhnlichen Künstler stets um die Einzigartigkeit jedes einzelnen Individuums ging. Dort finden wir keinerlei Machtsymbole, wie etwa bei den Zwillingstürmen von New York. Stattdessen passen seine Bauwerke sich den Menschen und der Natur an.

Verbindung mit dem Geldverdienen steht, würde Wasser in diesem Bereich das Geld wegspülen. Das wollen wir natürlich nicht. Halten Sie sich deshalb an diese simple Regel – mit erstaunlicher Wirkung!

Das Licht

? *Ist auch das Licht von Bedeutung?*

Selbstverständlich hat Licht einen direkten Einfluss auf uns Menschen und ist deshalb ein wichtiger Aspekt in der Feng Shui-Lehre. Das natürliche Licht entspricht dem Yang-Prinzip (Sonne) und das künstliche Licht dem Yin-Prinzip (Schatten). Deshalb sollte von beiden etwas – nicht zu viel, aber auch nicht zu wenig – in unseren Räumen zur Verfügung stehen.

Wie wirkt natürliches und wie künstliches Licht?

Auch beim Licht ist eine ausgewogene Energie, eine gesunde Balance wünschenswert. Häuser, in die die Sonne eindringen kann, werden mit aktiver und dynamischer Yang-Energie versorgt. Das wirkt auf die Bewohner belebend und anregend. Erhält ein Haus besonders wenig oder gar keine Sonne, leiden die Bewohner meist sehr darunter. Das kann mit künstlichem Licht nicht völlig ausgeglichen werden.

Vollspektrumlicht

Viele Menschen bekommen heute nicht mehr genügend natürliches Licht, weil sie sich zu wenig im Freien aufhalten. Für das körperliche und seelische Wohlbefinden ist natürliches (Sonnen-) Licht aber von großer Bedeutung und kann nicht durch die üblichen künstlichen Lichtquellen ersetzt werden – außer durch Vollspektrumlicht.

Die speziellen Leuchtmittel, die ursprünglich für die Raumfahrt entwickelt wurden, sind dem natürlichen Spektrum des Tageslichts sehr ähnlich. Außerdem ist das Licht flimmerfrei und verhindert eine vorzeitige Augenermüdung.

Die Vollspektrumröhren und Kompaktlampen sind zwar noch immer erheblich teurer als herkömmliche Leuchtmittel (zwischen 50,– und 450,– Euro), haben neben ihrem besonderen Licht aber auch den Vorteil einer längeren Haltbarkeit und Stromersparnis. Wenn Sie sich dafür interessieren, lassen Sie sich unbedingt im Elektrofachhandel beraten, da die Lampen der Raumgröße angepasst sein müssen.

? *Ich habe sehr kleine Fenster und wenig natürliches Licht. Ist das sehr ungünstig?*

Grundsätzlich heißt das nur, dass wenig Yang-Energie in Form von Licht in Ihrem Haus vorhanden ist. Umso mehr sollten Sie dafür sorgen, dass Yang-Energie über die Haus- oder Wohnungstür hereinkommt. Achten Sie besonders auf eine gute Ausleuchtung Ihrer Wohnräume und gehen Sie umso regelmäßiger im Freien spazieren. Ist dies nicht möglich, könnte das dem Natur- und Sonnenlicht nachempfundene Vollspektrumlicht für Sie eine Hilfe sein. Verwenden Sie es vor allem in den Räumen, in denen Sie viel Zeit verbringen, damit sich der finanzielle Aufwand auch lohnt. Leuchtkörper mit Vollspektrumlicht sind nämlich um einiges teurer als andere Leuchten. Außerdem sollten sie vom Fachmann der Raumgröße angepasst werden (siehe Kasten links).

? *Wir haben große Fensterfronten und damit viel natürliches Licht. Ist das optimal?*

Durch die heute beliebten großflächigen Fensterfronten erhalten die Bewohner zwar viel natürliches Licht, was prinzipiell sehr günstig ist. Je nach Wetterlage kann sich das allerdings auch ins Gegenteil wenden. Bei starker Sonneneinstrahlung werden die großflächigen Fronten häufig verdunkelt, denn die Bewohner lassen zum Schutz bereits tagsüber die Rollläden herunter. Dadurch schotten sie sich von der Außenwelt ab und leben wie eingesperrt, und das wiederum ist sehr ungünstig.
Außerdem kann es sein, dass aufgrund der großen Fensterfläche die Energie nicht im Raum gehalten werden kann. Wenn es zu viel Verglasung, etwa auch Glastüren und -wände gibt, kann es zu einem Energiedurchschuss kommen (Sha-Energie, Seite 38).

Günstige und ungünstige Lichtquellen

Günstige Lichtquellen

- althergebrachte Glühbirnen und Beleuchtungsmittel
- Vollspektrumlicht
- gut platzierte Beleuchtungskörper
- der Tätigkeit angepasste Beleuchtung (Yang-Beleuchtung zur Arbeit, Yin-Beleuchtung zur Entspannung und Ruhe)
- der Raumkonzeption und Nutzung angepasste Fenstergrößen

Ungünstige Lichtquellen

- Halogenlampen, Seilverspannungen mit Halogenleuchten, Neonröhren
- schlecht platzierte Beleuchtungskörper (insbesondere über einem Bett)
- Leuchtmittel, die nicht zur Tätigkeit passen (Yin-Beleuchtung bei der Arbeit, Yang-Beleuchtung im Schlafzimmer)
- zu große offene Fensterfronten (zu intensive Sonneneinstrahlung, stark abziehende oder durchziehende Energie; außerdem sind bei solchen Gegebenheiten meist keine Sitzpositionen nach den drei Grundregeln zum richtigen Sitzen im Raum [Seite 39] möglich)

? Wie sieht eigentlich eine Feng Shui-Beratung (bei Ihnen) aus?

Es gibt keine Standardberatungen im Feng Shui, da immer der Kunde dem Berater den Umfang vorgibt, indem er nach einem konkreten Rat zu einem Thema fragt. Angenommen, der Hausherr oder die Hausherrin möchte sein oder ihr Heim umfassend prüfen lassen, dann sieht eine sehr umfassende Feng Shui-Beratung etwa so aus:

Bestandsaufnahme (Ist-Analyse) vor Ort

- Objektbesichtigung (Ort, Umfeld, Lage, Bedingungen)
- Ergänzung des Objektgrundrisses
- Besichtigung der Raumaufteilungen/-nutzungen
- Besichtigung der Einrichtung (Anfertigung von digitalen Belegfotos)
- Kurzes Gespräch mit den Bewohnern

(Lageplan, Grundstücksgrundriss, Objektgrundriss/-baujahr und die Geburtsdaten [inklusive Geburtszeit] werden vom Kunden bereitgestellt.)

Ausarbeitung der Lösungsvorschläge

- Bewertung der Ist-Analyse
- Erstellung der Horoskopdaten für die Feng Shui-Beratung (von allen Bewohnern)
- Ableitungen und Schlussfolgerungen
- Erarbeitung der Lösungsvorschläge (Soll-Analyse)
- Kurze schriftliche Zusammenfassung der Lösungsvorschläge in Form einer Checkliste für den Kunden

Beratungsgespräch mit dem Kunden vor Ort

- Erläuterung der bestehenden Situation und deren Auswirkungen
- Hinführung zu möglichen Lösungen

Feng Shui in der Praxis

Bestimmt haben Sie nach den allgemeinen Fragen zur Feng Shui-Lehre schon tausend Ideen im Kopf, was Sie alles in Ihrer Wohnung verändern möchten: Ihre Möbel umstellen, einmal großzügig entrümpeln oder neu streichen? Bevor Sie loslegen, lesen Sie doch noch die häufigsten Fragen und Antworten zu den einzelnen Räumen. Dann können Sie systematisch ans Werk gehen und sich Zimmer für Zimmer vornehmen. Schließlich gibt es für jeden Raum – je nach Nutzung – etwas anderes zu beachten. So werden Sie die Energie in Ihrer Wohnung zum Fließen bringen, sich in Ihrer (Weiter-) Entwicklung fördern und sich in Ihrem Heim rundum wohl fühlen. Damit Sie auch schnell fündig werden, hier die Reihenfolge der Zimmer:

Eingangsbereich und Treppe

? *Ist der Hauseingang wichtig in der Feng Shui-Lehre?*

Der Eingang eines Gebäudes ist vergleichbar mit der Funktion des Mundes beim Menschen: Wir nehmen über den Mund Nahrung und Energie auf, wir atmen, reden und küssen mit ihm usw. Auch ein Haus »atmet« durch seinen Eingang, durch den es mit dem belebenden Qi versorgt werden soll. Mit diesem Bild können Sie sich auch gut vorstellen, dass ein großer Eingang mehr Energie ins Haus lässt als ein kleiner. Das Ziel der Gestaltung eines Hauseingangs ist immer, möglichst viel positive Energie (Qi) ins Haus zu bringen – und gleichzeitig die negative Energie (Sha) abzuwehren.

? *Mein Hauseingang ist nicht groß. Was kann ich tun?*

Gestalten Sie den Eingang offen und gut erreichbar, stellen Sie keine sichtbaren Mülltonnen und kein Auto vor die Tür und meiden Sie Stolperfallen wie Fahrräder, Kinderspielzeug, Schuhe und Ähnliches. Achten Sie darauf, dass der Eingang frei zugänglich und nicht versteckt ist. Entsprechend zieht auch ein gut beschilderter und beleuchteter Eingang mehr Qi an als eine namenlose Tür, die im Dunkeln kaum zu finden ist.

? *Was bedeutet gut beschildert und beleuchtet?*

Die Hausnummer und Ihr Namensschild sollten gut sichtbar sein. Wenn Sie einer selbstständigen Tätigkeit in Ihrem Haus nachgehen, weisen Sie dies durch ein großes und deutliches Schild aus, auch wenn Sie keinen Publikumsverkehr haben. Das fördert Ihren beruflichen Erfolg!

Für die Beleuchtung bringen Sie am besten zwei Lampen an, eine rechts und eine links von der Tür (Drache-/Tiger-Prinzip), oder Sie platzieren eine einzelne Lampe mittig über der Eingangstür.

? *Zu meiner Haustür führt eine Treppe hoch. Ist das schlimm?*

Nein, das ist kein wirkliches Problem, obwohl auch das Qi diese kleine Hürde erst überwinden muss. Achten Sie darauf, dass Ihre Treppenstufen eine ungerade Anzahl haben, damit Sie Yang-Energie ins Haus holen. Bei einer geraden Zahl, vier beispielsweise, können Sie eine auffällige Fußmatte vor Ihre Wohnungstür legen. Damit haben Sie symbolisch eine fünfte Stufe geschaffen. Umgekehrt sollten Sie auf eine auffällige Fußmatte, die sich von der Treppe abhebt, verzichten, wenn Sie eine ungerade Anzahl an Stufen haben. Wählen Sie in diesem Fall einen Fußabstreifer im Farbton der Stufen.

? *Und wie sieht's mit dem Weg zum Haus aus?*

Um positive Energie ins Haus zu leiten, haben Sie verschiedene Möglichkeiten. Entweder Sie unterstützen dies durch eine geschwungene Wegführung. Oder Sie können, falls ein Vorgarten fehlt, große Blumenkübel oder Steinfiguren rechts und links neben die Eingangstür stellen (Drache und Tiger, ab Seite 102).
Auch der Bodenbelag kann hilfreich sein, um Energie anzuziehen. Sie kennen bestimmt den berühmten roten Teppich in Eingangshallen von Hotels, exklusiven Geschäften oder bei Empfängen. Die Farbe Rot symbolisiert das Yang-Prinzip und zieht sowohl das Qi als auch Menschen magisch an. Rote Steinfliesen wären also eine gute Wahl für den Zugangsweg.

? *Worauf muss ich bei der Gestaltung des Hauseingangs noch achten?*

Generell sollten Sie den Eingang einladend, freundlich und harmonisch gestalten. Ein gepflegter Gesamteindruck und eine individuelle Note sind sehr wichtig. Der Eingang sollte sich auch harmonisch in die Umgebung und Nachbarschaft einfügen und nicht durch Protz unangenehm auffallen und alle Aufmerksamkeit ausschließlich auf sich ziehen.

TIPP

So sieht ein gelungener Zugang zum Haus aus

- Die Beschilderung beim Zugang ist gut sichtbar.
- Das Eingangstor und der Zugang sind klar erkennbar und wirken einladend.
- Der Weg zum Hauseingang ist leicht geschwungen.
- Er ist gut befestigt oder gepflastert.
- In den Abendstunden ist er gut ausgeleuchtet.
- Bei längeren Zuwegen empfiehlt sich eine indirekte, niedrige Beleuchtung rechts und links des Weges.
- Sha-Pfeile durch Nachbarhäuser werden mit Bäumen, Sträuchern, Hecken, Dekorations- oder Kunstgegenständen gebremst.
- Der Hauseingang ist gut beleuchtet und beschildert.

? *Welche Farbe ist für eine Haustür günstig?*

Grundsätzlich können Sie die Tür passend zu den Wänden des Gebäudes streichen. Sie können die Farbe auch nach den Trigrammen (ab Seite 116) auswählen. Stellen Sie sich dazu mit dem Rücken zur Tür und messen Sie mit dem Kompass (Seite 101), aus welcher Himmelsrichtung die Energie auf Ihre Tür trifft. Ermitteln Sie dann anhand des Kastens auf Seite 130 Element und Farbe.

Suchen Sie die passende Farbe für Ihre Haustür

➤ **Norden** = Element Wasser, dazu passen
Metall – Grau, Weiß, Silber, Gold
Wasser – Ultramarin, Azurblau/Türkis, Schwarz
Holz – Grün, Maigrün, Tannengrün, Meergrün, Oliv

➤ **Nordosten** = Element Erde, dazu passen
Feuer – Rot, Purpur, Bordeaux, Violett, Himmelblau
Erde – Gelb, Zitronengelb, Orange, Apricot, Ocker
Metall – Grau, Weiß, Silber, Gold

➤ **Osten** = Element Holz, dazu passen
Wasser – Ultramarin, Azurblau/Türkis, Schwarz
Holz – Grün, Maigrün, Tannengrün, Meergrün, Oliv
Feuer – Rot, Purpur, Bordeaux, Violett, Himmelblau

➤ **Südosten** = Element Holz, dazu passen
Wasser – Ultramarin, Azurblau/Türkis, Schwarz
Holz – Grün, Maigrün, Tannengrün, Meergrün, Oliv
Feuer – Rot, Purpur, Bordeaux, Violett, Himmelblau

➤ **Süden** = Element Feuer, dazu passen
Holz – Grün, Maigrün, Tannengrün, Meergrün, Oliv
Feuer – Rot, Purpur, Bordeaux, Violett, Himmelblau
Erde – Gelb, Zitronengelb, Orange, Apricot, Ocker

➤ **Südwesten** = Element Erde, dazu passen
Feuer – Rot, Purpur, Bordeaux, Violett, Himmelblau
Erde – Gelb, Zitronengelb, Orange, Apricot, Ocker
Metall – Grau, Weiß, Silber, Gold

➤ **Westen** = Element Metall, dazu passen
Erde – Gelb, Zitronengelb, Orange, Apricot, Ocker

Metall – Grau, Weiß, Silber, Gold
Wasser – Ultramarin, Azurblau/Türkis, Schwarz

➤ **Nordwesten** = Element Metall, dazu passen
Erde – Gelb, Zitronengelb, Orange, Apricot, Ocker
Metall – Grau, Weiß, Silber, Gold
Wasser – Ultramarin, Azurblau/Türkis, Schwarz

? *Hat die Himmelsrichtung des Hauseingangs eine Bedeutung?*

Die Himmelsrichtungen sagen etwas über die Energiequalität Ihres Eingangs aus, also ob sie aktiv ist (dann herrscht in Ihrem Haus ein reges Kommen und Gehen) oder ob sie eher ruhig ist (dann bekommen Sie weniger Besuch). Natürlich gibt es auch bei Hauseingängen Besonderheiten (etwa bei dem Eingang NO und SW, siehe nächste Frage). Interessant ist aber die Energiequalität Ihrer Eingangstür – damit Sie sich nicht wundern, warum Sie viel Besuch bekommen (S, SO, SW) oder auch extrem wenig (NO).

- Nordosten: sehr ruhiger Eingang
- Nordwesten, Norden: ruhiger Eingang
- Osten, Westen: belebter Eingang
- Südosten, Süden, Südwesten: aktiver Eingang

? *Was verrät denn eine Eingangstür im Nordosten über die Bewohner?*

Häuser mit Zugang im Nordosten sind meist sehr »erdig«. Oft sind sie in den Erdefarben gestrichen und auch überwiegend in Erdetönen eingerichtet. Das deutet auf eine eher zu starke Erdverbundenheit der Bewohner hin, die sich wenig bewegen, stark an alten Traditionen festhalten, Entwicklungen gegenüber eher verschlossen sind und keine Veränderungen in ihrem Alltag wünschen.

? *Unser Hauseingang liegt auf der Rückseite des Hauses. Was besagt das?*

Ein Hauseingang auf der Rückseite eines Gebäudes ist oft schwer zu finden, gerade in dämmrigen Abendstunden. Achten Sie deshalb unbedingt auf eine gute Beleuchtung auf dem Weg von der Straße zu Ihrem Hauseingang.
In der Regel wird das Gebäude außerdem nicht optimal mit Qi versorgt. Aus der Perspektive der Formenschule fehlt einem Haus mit Eingang auf der Rückseite meist die Schildkröte, die dem Haus und seinen Bewohnern Schutz, Sicherheit und Stabilität gibt (ab Seite 102).
Außerdem sollte gerade in diesem Fall der Weg gut ausgebaut sein, sodass ein gewisser Sog zum Haus entsteht.

? *Unser Haus liegt direkt an der Straße, und der Eingang befindet sich auf der Seite. Was sagt das?*

Ein Hauseingang an der Seite kann zwar günstig sein, aber die Lage unmittelbar an einer Straße ist es nicht. Denn entweder fehlt Ihnen die Drachenenergie (Yang) oder die Tigerenergie (Yin), beides ist sehr ungünstig.

? *Ich lebe in einem Mietshaus. Welche Möglichkeiten habe ich, meinen Wohnungseingang zu gestalten?*

Wichtig ist, dass Sie viel Energie in die Wohnung lenken. Dabei gilt dasselbe wie für Hauseingänge – außer der Anzahl der Treppenstufen, sofern Sie im ersten Stock oder höher wohnen. Hier sind sie nicht von Bedeutung. In Mehrfamilienhäusern gibt es zwar oft Beschränkungen für die Gestaltung der Eingangstür, aber Sie können dennoch auf eine individuelle Note achten, etwa mit einem Kranz, einem Willkommensschild oder einer besonderen Fußmatte.

? Wie kann ich meinen Haus- oder Wohnungseingang vor schlechten Sha-Energien schützen?

Scharfe Mauerkanten oder -vorsprünge können Sie durch Bepflanzungen entschärfen und sich damit vor den Sha-Energien schützen. Auch entsprechend hohe und dichte Objekte wie eine Trennwand oder ein Sichtschutz schirmen Sie vor den störenden (giftigen) Pfeilen ab.
Steht ein Baum zu nah an der Eingangstür, können Sie ihn mit einer Kette, die Sie im Bodenbereich ganz um den Baumstamm legen, umschließen. Das verhindert, dass seine Wurzeln, die so weit reichen wie die Baumkrone, dem Haus die Energie rauben können.
Sie können auch einen erfahrenen Geomanten (Seite 19) kontaktieren, der sich auf die Heil- und Schutzkraft von Steinen versteht. Einige Experten trennen beispielsweise einen entsprechenden Stein so, dass er – durch das Resonanzprinzip – immer mit dem anderen Teil in Verbindung bleibt. Diese beiden Hälften werden dann, sichtbar oder unsichtbar, rechts und links in den Türrahmen eingearbeitet und dienen aufgrund der steten Verbindung als eine Art Reinigungs- und Energieschleuse.

? Kann nicht auch ein Spiegel die negative Energie weglenken?

Setzen Sie im Außenbereich niemals einen normalen Spiegel zum Schutz ein! Denken Sie immer daran: Alles, was Sie aussenden, kommt zu Ihnen zurück.
Anders sieht es mit dem Bagua-Spiegel aus. Ein traditioneller Bagua-Spiegel ist eine Metallscheibe, die durch entsprechende Rituale und Weihen zu einem kraftvollen Schutz wurde (Seite 43). Leider gibt es diese in Europa nicht als Originale, weshalb Sie besser ganz auf einen Bagua-Spiegel verzichten sollten.

Was gibt es im inneren Eingangsbereich zu beachten?

Auch innen sollte der Eingangsbereich großzügig und frei sein, um möglichst viel Energie ungehindert hereinzulassen. Deshalb sollte auch die Eingangstür immer ganz zu öffnen sein. Die Atmosphäre sollte hell, freundlich und einladend sein. Vermeiden Sie Schuhberge und überfüllte Garderoben – auch hinter den Türen! Das schafft Unruhe. Außerdem bindet es die einströmende Energie, die sich verteilen und weiterfließen soll.

TIPP

So sieht ein gelungener Eingangsbereich eines Hauses/einer Wohnung aus

- Der Eingang ist aufgeräumt, gut beleuchtet, freundlich und einladend.
- Rechts und links von der Tür stehen Pflanzen, große Steinfiguren oder Ähnliches (symbolisch für Drache und Tiger).
- Einen Yang-Eintritt ins Haus verschaffen Sie sich mit einer gut sichtbaren Fußmatte (sofern es keine Zugangsstufen gibt).
- Die Tür verfügt über eine gute Beschilderung.
- Der Zugang ist gut beleuchtet. Bringen Sie entweder rechts und links (Drache und Tiger) oder mittig über der Tür einen Leuchtkörper an.
- Windfang und Flur sind ordentlich aufgeräumt und nicht überladen.
- Garderobe und Schuhe werden in geschlossenen Schränken aufbewahrt.
- Spiegel hängen nicht gegenüber der Eingangstür.
- Gut platzierte Spiegel und Bilder mit Motiven der Weite vermitteln mehr Großzügigkeit.

Ein schlichter Garderobenschrank und ein geschlossener Schrank für Schuhe sind in der Regel die besten Lösungen für den Eingang. In offenen Garderoben sollte so wenig wie möglich hängen, und Jacken und Mäntel sollen ordentlich aufgehängt sein.

? Wohin hänge ich im Eingangsbereich am besten einen Spiegel?

Wie Sie schon im Grundlagen-Kapitel ab Seite 41 erfahren haben, sind Spiegel besonders günstig platziert, wenn sie die Energie in dunkle, schwer zugängliche Bereiche lenken. Liegt Ihr Flur im Zentrum des Hauses oder der Wohnung, sollten Sie dort keinen Spiegel aufhängen, ebenso wenig an der Innenseite der Eingangstür, damit die Energie auch wieder hinausfindet. Ähnlich ist es bei einem Spiegel gegenüber der Eingangstür, da er die Energie unverzüglich wieder aus dem Haus oder aus der Wohnung leitet. Die Erfahrung zeigt, dass bei einer solchen Situation im Eingangsbereich nicht nur wenig Energie ins Haus kommt, sondern auch wenig Besuch. Das Haus/die Wohnung wirkt und ist nicht offen und einladend.

? In welcher Farbe soll ich den Eingangsbereich streichen?

Weiß als neutrale Farbe können Sie grundsätzlich immer verwenden. Damit fördern Sie zwar nichts, können aber auch nichts falsch machen.
Möchten Sie dagegen einen fördernden Anstrich, dann finden Sie mit Hilfe des Kompasses (Seite 101) und den zur Himmelsrichtung gehörenden Trigrammen (Seite 116) heraus, in welchem Bereich der Flur liegt und welche Farben zu den entsprechenden Elementen passen.
Oder ermitteln Sie im Farbentest ab Seite 73 die Farben, die Sie persönlich fördern.

? *Wir haben einen sehr langen Flur. Was können wir tun?*

In einem langen, geraden Flur beschleunigt die Energie stark und kann aus diesem Grund leicht »durchschießen«. Deshalb sollten Sie ein paar Bremser einbauen, beispielsweise einen quer gestreiften Bodenbelag, etwa indem Sie Parkett oder Laminat quer verlegen. Auch Teppiche mit Querstreifen oder zentralen Mustern können den Durchschuss der Energie abmildern, ebenso hintereinander gelegte Teppiche.
Durch das gezielte Aufhängen von Spiegeln nach dem Billard-Prinzip (Seite 42) kann die Energie von Wand zu Wand in eine günstige Schlangenlinie gelenkt werden. Dasselbe können Sie mit versetzt aufgestellten Pflanzen oder (Klein-) Möbeln, Paravents und Stoffbahnen erreichen. Wenn Sie mit Hilfe von Lichtquellen die Energie lenken wollen, dann müssen Sie künstliches Licht auch tagsüber einschalten.

? *Unser Flur ist klein und eng. Welche Möglichkeiten haben wir?*

Hier ist eine optische Vergrößerung die beste Lösung. Diese erreichen Sie primär mit Spiegel. Hängen Sie dazu die Spiegel so versetzt gegenüber, dass sie die Energie wie eine Billardkugel von Bande zu Bande beziehungsweise von Wand zu Wand durch den Raum lenken (Seite 42). Sorgen Sie außerdem für eine gute Ausleuchtung. Wählen Sie auch Bilder, die eine optische Tiefe, etwa in einer Landschaft, vermitteln.
Halten Sie zudem den Flur so leer wie möglich und vermeiden Sie jede Unruhe in Form von Dekorationsgegenständen, offenen (Schuh-)Regalen und einer vollen Garderobe. Wählen Sie ausschließlich glatte Flächen für die geschlossenen Schränke.

? Unser Flur ist offen und hell, da er über ein Glasdach verfügt. Kommt so viel Energie ins Haus?

Wenn Sie im Eingangsbereich eine Glasdecke oder Glaskuppel eingebaut haben, kommt darüber in Ihren hellen Flur zwar auch etwas zusätzliche Energie. Aber über das Glas im Dach entweicht auch eine Menge Qi, und zwar mehr, als zugeführt wird. Bekommen Sie ohnehin viel Energie ins Haus, können Sie mit dem Glasdach im Eingangsbereich gut leben. Haben Sie dagegen das Gefühl, es mangelt an Energie – der Sog nach oben ist relativ stark – dann spannen Sie ein schönes weißes Stoffsegel oder Ähnliches unter das Glasdach. Das erhält das meiste Licht, vermindert aber den Abfluss des Qi.

? Macht es etwas aus, dass unser Flur Dachschrägen hat?

Dachschrägen sind nach der Feng Shui-Lehre nicht günstig, da das Qi in die dominante Dachspitze fließt und der Raum deshalb, vor allem in den hinteren Winkeln der Schräge, zu wenig Energie abbekommt. Es kommt auch zu sogenannten Energiestaus unter den Schrägen, weil die Flächen oft nicht genutzt werden können und tote Bereiche entstehen, in denen sich viel Staub ansammelt. Außerdem wirkt eine Schräge auf die Bewohner häufig eher dämpfend und drückend, was eine Folge der Bewegungseinschränkung ist.
Aber auch hier können Sie sich die Kunst des Feng Shui zunutze machen. Bei offenen Dachausbauten können Sie zum Beispiel ein Stoffsegel im Deckenbereich verspannen, das den Qi-Sog nach oben abdämpft. Günstig ist auch der Einsatz von Pflanzen in den schrägen Bereichen. Dabei muss es sich allerdings um eine Bepflanzung handeln, die nach oben wächst, die aufstrebend und gerade im Topf

oder in der Vase steht. Verwenden Sie keinesfalls hängende oder nach unten rankende Pflanzen, denn diese würden den drückenden Charakter der Dachschrägen noch zusätzlich unterstreichen.

Offene Dachbalken erzeugen Sha

Offene Dachbalken stellen ebenso wie ein Mauervorsprung scharfe Kanten dar, die das Qi beschleunigen und es in sogenannte scharfe Pfeile (Seite 39), in Sha, verwandeln. Wenn Sie sich dort länger aufhalten, bekommen Sie die Pfeile ab und werden dadurch auf Dauer geschwächt.
Dient der Raum mit den offenen Dachbalken nur als Durchgangsbereich, müssen Sie nichts tun. Wenn Sie den Raum jedoch aktiv nutzen wollen, sollten Sie die Balken hell streichen oder besser die Kanten abrunden. Ein Tuch oder Sonnensegel hilft, den Sog nach oben in die Dachspitze abzuschwächen und gibt zudem Schutz vor noch verbleibenden Kantenstrahlen durch die Balken.

? *Gibt es bei Treppen auch etwas zu beachten?*

Ja, auch Treppen spielen in der Feng Shui-Lehre eine Rolle. Leider kann man Treppen im Nachhinein kaum noch versetzen, wenn sie ungünstig liegen oder gebaut sind. Sollten Sie dagegen noch in der Planungsphase für ein Haus stecken, können Sie einiges berücksichtigen. Innentreppen sollten zum Beispiel nicht direkt am Eingang liegen, da die Energie sonst unmittelbar nach oben gezogen wird, bevor sie sich unten ausreichend verteilen kann. Räume auf der unteren Ebene bekommen in diesem Fall meist etwas zu wenig Qi ab.

? *Unsere Stufen sind offen, aber trotzdem kindersicher. Ist das aus Feng Shui-Sicht ein Problem?*

Offene Treppenstufen gelten als ungünstig, da die Energie nicht in die oberen Räume geführt wird, sondern durch die offenen Stufen entweicht. Das gilt auch für offene Treppen, die von Wohnräumen nach oben führen. Sie verhindern, dass ausreichend belebende und unterstützende Energie für die Bewohner zur Verfügung steht. Wünschenswert sind stabile, rutschfeste Treppen mit geschlossenen Stufen und einem Sicherheit bietenden Geländer, an dem man sich auch festhalten kann. Am besten sollten die Wohnräume durch eine Tür von der Treppe und dem Treppenhaus getrennt werden.

? *Mein Haus verfügt über eine Treppe im Außenbereich. Was sagt die Feng Shui-Lehre dazu?*

Sollten Sie ein Hanggrundstück haben, verzichten Sie darauf, eine Holztreppe mit offenen Stufen und einem dünnen Drahtseil als Geländer im Außenbereich anzubringen. Das mag zwar modern sein, ist aber aus Feng Shui-Perspektive – und auch aus Sicherheitsgründen – extrem ungünstig.
Positiv wäre ein geschwungener Weg aus Steinen, der sanft den Hang hinunterführt. Auch eine stabile Steintreppe mit geschlossenen Stufen, die durch ein massives Geländer zum abfallenden Hangbereich abgesichert ist, wäre eine gute Lösung. Auf Holztreppen im Außenbereich sollten Sie ohnehin besser verzichten, da sie der Witterung ausgesetzt sind und durch Regen, Laub oder Schnee zu Rutschbahnen werden können. Wählen Sie das Material der Treppe passend zur Umgebung nach den fünf Elementen (ab Seite 241).

? *In meiner Wohnung führt eine Wendeltreppe in den oberen Bereich. Muss ich dabei etwas beachten?*

Eine Wendeltreppe (vergleichbar mit einer Spirale) ist eher ungünstig, da die Energie zu stark nach oben hin beschleunigt. Dadurch wird Qi in Sha verwandelt. Damit Sie die »spitzen Pfeile« nicht abbekommen, halten Sie sich am oberen Ende dieser Treppe besser nicht auf. Stellen Sie auch keine Sitzgruppe und kein Bett in unmittelbarer Nähe der Wendeltreppe oben auf. Sie können die Energie durch Pflanzen auf den Stufen oder durch Stoffe und Ähnliches bremsen.

? *Mein Flur liegt in der Mitte des Hauses. Ist das ein Problem?*

Haben Sie den Flur als Zentrum Ihres Hauses ermittelt (Seite 118), dann achten Sie auf das, worauf Sie beim Zentrum generell achten sollten (Seite 118): Verzichten Sie auf Wasser, einen blauen Anstrich, unregelmäßige Formen und einen Spiegel – also auf alles, was mit dem Element Wasser in Verbindung steht.

TIPP

So sieht eine gelungene Treppe aus

- Die Stufen sind nicht offen, damit die Energie über die Treppe nach oben geleitet wird.
- Das Treppenhaus liegt nicht gegenüber dem Eingang oder im Zentrum des Hauses.
- Die Treppe ist gut ausgeleuchtet.
- Sie ist über ein geschlossenes, separates Treppenhaus zu begehen.
- Die Treppe ist stabil und das Geländer sicher.

Küche und Esszimmer

? *Wo arbeite ich am besten in der Küche?*

Achten Sie auch in der Küche darauf, dass Sie sich nicht im energetischen Durchzug befinden. Sitzen oder arbeiten Sie also weder zwischen Fenster und Fenster, noch zwischen Tür und Tür, noch zwischen Fenster und Tür. Ein energetischer Durchzug produziert nämlich Sha-Energie, die uns Menschen schwächt.
Sollten Sie eine Küche haben, die baulich keine Sha-freien Lösungen zulässt, versuchen Sie, durch entsprechende Maßnahmen den Energiedurchzug zu schwächen. Das könnte ein Stoffrollo vor dem Fenster sein oder Ähnliches.

? *Wo steht der Herd am besten?*

Im Idealfall steht der Herd so, dass Sie eine feste Wand im Rücken haben und die Küche überblicken können, wenn Sie daran arbeiten. Und rechts und links neben dem Herd befinden sich Schränke oder Ablageflächen. Vermeiden Sie nach Möglichkeit, eine Spüle, eine Spülmaschine oder einen Kühlschrank unmittelbar neben Ihrer Kochstelle zu installieren. Diese Geräte benötigen Wasser, und Wasser löscht das Feuer.

? *Gibt es bei der Gestaltung des Kochbereichs etwas zu beachten?*

Gestalten Sie diesen Bereich vor allem nach dem Yang-Prinzip, also ein möglichst leerer (funktionaler) Raum mit klaren Strukturen und Formen sowie glatten und geraden Flächen. Dazu ein glatter, harter Boden und nur wenige Accessoires und Dekorationsartikel. Die Fenster sollten entweder gardinenlos bleiben oder mit schlichten Stoff- oder Metallrollos oder glatten Flächenvorhängen aus Stoff versehen sein (Yang-Prinzip).

Entscheiden Sie sich für Metallrollos, dann halten Sie diese entweder komplett geschlossen oder aber komplett geöffnet. Stellen Sie ein Metallrollo nicht auf Kippe, denn damit produzieren Sie Sha.

Eine Küche nach den Himmelsrichtungen

Wenn Sie Ihre Küche nach den Himmelsrichtungen (acht Trigrammen) einrichten wollen, können Sie das mit Hilfe eines Kompasses und den Trigrammen (Seiten 101 und 116) tun. Dann befinden sich im

Norden – Element Wasser:
Geschirrspüler, Spüle, Waschmaschine
Nordosten – Element Erde:
Kühlschrank, Lagerung Lebensmittel
Osten – Element Holz:
Kräuter- und Gewürztöpfe und Kresse
Südosten – Element Holz:
Schneidebrett für Gemüse, Fleisch und dergleichen
Süden – Element Feuer:
Herd, Ofen, Grill
Südwesten – Element Erde:
Essbereich
Westen – Element Metall:
Kochbücher
Nordwesten – Element Metall:
Inspirationsecke für eigene neue Kochideen

Diese ideale Feng Shui-Küche können Sie sich vermutlich schaffen, wenn Sie neu bauen oder zumindest eine ganz neue Küche planen. Machen Sie sich keine Sorgen, wenn Ihre Küche derzeit anders eingerichtet ist. Mit weiteren Empfehlungen auf den folgenden Seiten können Sie sich dennoch Ihre Küche nach Feng Shui-Vorschlägen gestalten!

? *Wo kann ich Spiegel in der Küche einsetzen?*

Die Küche als Herz des Hauses korrespondiert wie der Kochvorgang selbst mit dem Element Feuer. Das Zubereiten der Nahrung, etwa das Säubern und Schneiden von Lebensmitteln, steht mit dem Element Erde in Verbindung. Da der Spiegel dem Element Wasser entspricht (Seite 43), verträgt er sich weder mit dem Feuer noch mit der Erde. Früher nutzte man einen Spiegel über dem Essplatz, um das Angebot an Speisen größer erscheinen zu lassen. Das macht aber nur Sinn, wenn man an einem Mangel an Nahrungsmitteln leidet. Wenn Sie unbedingt einen Spiegel in der Küche einsetzen möchten, dann achten Sie darauf, dass der Spiegel nicht in den Kochbereich hineinreicht. Er sollte auch den in der Küche arbeitenden Menschen nicht ablenken, schon um das Unfallrisiko so klein wie möglich zu halten. Ansonsten gelten die Regeln der Qi-Führung, also das Prinzip der Billardkugeln (Seite 42).

? *Welche Farben passen zur Küche?*

Was den Kochbereich oder die Kochküche betrifft, so sind die Farben des Elements Feuer ideal, etwa alle Rottöne. Außerdem eignen sich die Farben des Elements Holz (nach dem fördernden Elementezyklus: Holz nährt das Feuer), das sind alle Grüntöne. Ebenso können Sie die Farben des Elements Erde einsetzen (Feuer verbrennt und die Asche wird zu Erde). Für die Erde können Sie Gelb-, Braun- und Beigetöne wählen, aber auch Orange. Vielleicht passt auch die Sie persönlich fördernde Farbe zu einem der Elemente. Diese können Sie im Farbentest ab Seite 73 ermitteln. Gehören Sie zu den Menschen, die mit Gewichtsproblemen zu kämpfen haben, dann sollten Sie auf die Farbe Orange verzichten und eher zu einem kommunikativen Gelbton greifen.

? *Welche Farben eignen sich für den Essbereich?*

Im Essbereich passen neben den Farben der Elemente Erde und Feuer auch die des Elements Metall gut (Erde fördert Metall), also Grau, Silber, Gold als Wandfarbe und für die Möbel die Farbe Weiß.

? *Welcher Bodenbelag wird in der Küche empfohlen?*

Im Idealfall wählen Sie einen Boden aus Stein oder Fliesen, da ein glatter Boden der Yang-Energie entspricht und aufgrund der Form (quadratisch oder rechteckig) und des Materials zum Element Erde gehört. Der Boden sollte nicht brennbar und natürlich gut zu pflegen sein.

So könnte eine gelungene Küche nach den Elementen Feuer und Erde aussehen.

TIPP

So fühlen Sie sich in Ihrer Küche wohl

- Stellen Sie den Herd möglichst so, dass Sie beim Arbeiten die Tür im Blick und eine Wand im Rücken haben.
- Gestalten Sie den Kochbereich Yang-lastig.
- Platzieren Sie neben den Herd nicht die Spüle, die Waschmaschine oder den Kühlschrank (Wasser!).
- Leuchten Sie den Bereich mit gutem Arbeitslicht aus.
- Der Boden darf nicht brennbar sein, am besten verwenden Sie im Kochbereich einen Steinboden.
- Stellen Sie Gewürze und andere brennbare Lebensmittel nicht direkt über den Herd.
- Die Küche gehört zu den Elementen Feuer (Kochstelle) und Erde (Zubereitung/Essecke), deshalb nicht mit den Farben des Elements Wasser streichen, auch nicht, wenn sie zu Ihrem persönlich fördernden Element gehören (Ausnahme!).
- Trennen Sie den Küchenbereich (Yang) und den Essplatz (Yin) optisch voneinander, etwa mit verschiedenen Bodenbelägen, Farben, Licht oder Dekorationen.

? *Über unserem Herd hängt ein großer Schrank. Muss ich dabei etwas beachten?*

Viele Menschen bewahren gern Gewürze und Öle über dem Herd auf. Aus Feng Shui-Sicht ist das nicht besonders empfehlenswert, da über einer Kochstelle generell keine leicht brennbaren Gegenstände oder Lebensmittel gelagert werden sollen. Neben der Kochstelle ist das allerdings kein Problem. Sie können den Platz in Schränken über dem Herd gut für nicht brennbares Geschirr oder Gläser nutzen, die Sie nicht täglich in Gebrauch nehmen. Auch für selten benutzte Töpfe und Pfannen eignet sich der Schrank.

Die Küche – das Herz des Hauses

Die Küche bildet symbolisch das Herz des Hauses. Früher trafen sich die Familienmitglieder stets in der Küche. Dort wurde gekocht, gegessen, und im Ofen brannte den ganzen Tag über das Feuer. Es war zu jeder Tageszeit angenehm warm, im Winter sicher mit ein Grund, weshalb man sich dort gern aufhielt. Ein geselliger Platz, der Leib und Seele nährte.
Heute hat die Küche in der Regel eine andere Wertigkeit (abgesehen davon, dass verhältnismäßig wenig Wohnungen über eine geräumige Wohnküche verfügen), denn kaum eine Familie nutzt sie noch so regelmäßig, wie das früher der Fall war. Das Zentrum des Geschehens hat sich inzwischen vorwiegend in das Wohnzimmer verlagert, weil dort der Fernseher steht.

? *Bei uns steht die Spüle direkt neben dem Herd. Warum ist das schlecht?*

In sehr kleinen Küchen steht die Spüle, vielleicht noch unterbaut mit einer Spülmaschine, oft direkt neben dem Herd. Das ist ungünstig, weil das Wasser (der Spüle) das Feuer (des Herdes) löscht. Als Abhilfe könnten Sie symbolisch ein Salzbehältnis zwischen Herd und Spüle stellen, da Salz nicht brennbar ist. Bewerten Sie eine solche ungünstige Situation aber nicht über. Sie ist ein einzelner Aspekt eines großen Ganzen – und erfahrungsgemäß kann dieser Punkt durchaus vernachlässigt werden.

? *Wir planen eine Essküche. Was ist aus Feng Shui-Sicht dabei zu beachten?*

Grundsätzlich soll jede Feng Shui-Maßnahme den jeweiligen Wohn- und Lebensbereich mit der Energie versorgen, die den Menschen an diesem Platz optimal unterstützt. Das heißt, ein Schlafzimmer benötigt eine ruhige Energie, ein Arbeitsplatz eine aktive. Deshalb soll prinzipiell jede Aktivität in einer Wohnung möglichst in einem separaten Raum stattfinden.

? *In unsere Küche ist bereits der Essplatz integriert. Welche Lösungen gibt es?*

Falls Koch- und Essplatz in einem Raum untergebracht sind, sollen die einzelnen Bereiche getrennt werden. Das kann durch eine optische Gestaltung geschehen, etwa durch unterschiedliche Wandfarben und Bodenbeläge. Oder man wählt die Variante mit Raumteilern (halbhoch oder raumhoch), zum Beispiel Pflanzen, Theken oder Stofflamellen. Achten Sie in einer Essküche darauf, dass der Kochbereich aktiv gestaltet ist und der Essplatz zur Ruhe und zum behaglichen Sitzen einlädt – und damit die Möglichkeit schafft, im Familienkreis miteinander ins Gespräch zu kommen. Ein solcher Essplatz hat auch den Vorteil, dass die Nahrung langsam, ohne Hektik, eingenommen werden kann, das ist wesentlich gesünder.

? *Darf ich den Essplatz demnach etwas gemütlicher gestalten?*

Das sollen Sie sogar, denn im Essbereich ist viel Yin gefragt! Verwenden Sie also weich fließende Stoffe, die Ruhe und Behaglichkeit vermitteln. Gestalten Sie den Essplatz nach Ihrem Geschmack, ob mit Stuhlhussen, Tischdecken, Stores oder Gardinen. Vielleicht legen Sie auf Ihren Holzboden unter den Essplatz einen entsprechend großen Teppich. Der bringt Wärme und Gemütlichkeit, also die gewünschte Yin-Energie. Yin steht auch für die Fülle, wobei Sie generell keinen Raum zu voll stellen sollen. Sie dürfen die Yin-Bereiche aber üppiger gestalten.

Essen im Yin und im Yang

Stellen Sie sich vor, Sie möchten mit Ihrem Partner einen schönen Abend verleben und suchen nach einem passenden Restaurant. Bestimmt wählen Sie für diese Zwecke nicht das nächste Fast-Food-Lokal, sondern den schicken Italiener um die Ecke, wo Sie ein schönes Ambiente erwartet, mit hübsch gedeckten Tischen und stimmungsvoller Musik. Denn Sie spüren intuitiv, dass das italienische Restaurant mit der ansprechenden Atmosphäre Raum bietet für eine ruhige Mahlzeit und ein anschließendes gemütliches Verweilen mit einer anregenden Unterhaltung. Die Atmosphäre dieses Restaurants ist Yin-geprägt, was auch die Nahrungsaufnahme unterstützt.
Das Fast-Food-Restaurant hingegen ist Yang-geprägt, was zwar dem neuesten Trend, aber keineswegs der förderlichen, wohltuenden und ruhigen Energie entspricht, die wir für die Nahrungsaufnahme benötigen. Schon deshalb nähren uns die dort angebotenen Speisen so wenig.

? *Was sagt Feng Shui zur Beleuchtung in einer Küche?*

Für die Küche gelten diesbezüglich keine besonderen Regeln. Eine Küche soll im Idealfall über ausreichend Tageslicht verfügen und für die Abendstunden über eine gute künstliche Ausleuchtung. Schon aus Sicherheitsgründen wird in der Küche besonderer Wert auf Helligkeit im Arbeitsbereich gelegt.
Verzichten Sie dagegen am Essplatz auf eine zu grelle Beleuchtung. Mit einem eingebauten Dimmer und warmem Licht können Sie beim Abendessen für eine gemütliche Atmosphäre (Yin) sorgen.

? *Unser Essbereich ist ins Wohnzimmer integriert. Was sollen wir beachten?*

Ein Wohnzimmer sollte über eine relativ ausgewogene Yin-/Yang-Gestaltung verfügen, mit leichter Tendenz zum Yang. Damit der Essbereich im Wohnzimmer den gewünschten Schwerpunkt im Yin hat, können Sie unter Ihrem Esstisch einen weichen Bodenbelag auslegen, der zum einen den Essbereich vom Rest des Raumes abhebt und zum anderen durch das Weiche Yin-Energie liefert. Zum Essen können Sie über eine entsprechende Tischdekoration mit Tischdecke, Servietten und Kerzenlicht eine Yin-Atmosphäre kreieren.

? *Wie kann ich im Esszimmer für die richtige Energie sorgen?*

Grundsätzlich sollten Sie darauf achten, dass Sie das Qi im Raum halten können, also keinen energetischen Durchzug haben. Schließlich wollen Sie in Ihrem Esszimmer eine Wohlfühlatmosphäre schaffen, in der Sie mit Ihren Lieben gern gemütlich zusammensitzen, die zubereiteten Speisen genießen und miteinander reden. Überprüfen Sie außerdem die drei Grundregeln zum richtigen Sitzen: Rückenschutz, nicht im energetischen Durchzug, Fenster und Tür im Blick (Seite 39).

? *Was gibt es bei der Gestaltung meines Esszimmers zu bedenken?*

Die Nahrungsaufnahme wird dem Yin zugeordnet, deshalb sollten Sie dieses Prinzip betonen. Schaffen Sie eine warme Atmosphäre mit Tischdecken, Kerzen und sonstigen Dekorationsartikeln. Verwenden Sie weich fließende Stoffe, die Ruhe und Behaglichkeit vermitteln, und gestalten Sie diesen Bereich ruhig etwas üppiger.

? *Sollte der Esstisch bestimmte Maße haben?*

Generell sind günstige Feng Shui-Maße zwar nur ein Aspekt unter vielen. Wenn Sie aber die Möglichkeit haben, die Maße beim Neukauf eines Esstisches zu berücksichtigen, sollten Sie das auch tun. Achten Sie in diesem Fall unbedingt auf die positiven Maße (Tabelle Seite 238). Falls Sie jedoch einen Tisch besitzen, der kein ideales Maß aufweist, machen Sie sich keine Sorgen. Dieses Detail können Sie vernachlässigen, wenn Ihr Heim ansonsten über eine gute Energie verfügt.

? *Soll ich bei der Form und dem Material des Esstisches etwas beachten?*

Sie können die Form und das Material des Tisches frei wählen, aber auch das persönlich fördernde Element berücksichtigen. Denken Sie daran, die Form ist immer entscheidend, nicht das Material, das dürfen Sie vernachlässigen.

- Element Holz: längliche Form (rechteckig)
- Element Feuer: quadratische oder rechteckige Form
- Element Erde: quadratische oder rechteckige Form
- Element Metall: runde oder ovale Form
- Element Wasser: asymmetrische Form

? *Sollen wir beim Esstisch auf ein bestimmtes Material verzichten, obwohl es nachrangig ist?*

Wenn Sie sich einen neuen Esstisch anschaffen, können Sie ja Folgendes berücksichtigen: Ein Metall- oder Glastisch beispielsweise hat eine kalte Oberfläche, was ohne Tischdecke unangenehm sein kann. Außerdem kann es sein, dass der Gast bei einem Glastisch mehr auf die Beine des Nachbarn schaut als auf die Speisen.

? Ist es richtig, dass runde Tische im Esszimmer nach der Feng Shui-Lehre günstiger sind?

Tatsächlich herrscht unter Laien die Meinung, dass eine Wohnung, die nach Feng Shui eingerichtet ist, keinerlei Ecken und Kanten hat und nur mit runden Möbeln versehen ist. Natürlich sollen generell scharfe Kanten vermieden werden, da sie Sha-Energie erzeugen können. Insofern gilt die runde Form im Sinne der Feng Shui-Lehre tatsächlich als ideal. Falls Sie also vorhaben, einen neuen Esstisch zu kaufen, könnten Sie über einen runden Tisch nachdenken.
Aber auch ein quadratischer oder rechteckiger Tisch ist in Ordnung, solange niemand vor einer der vier Ecken sitzen muss – er wäre dort der Sha-Energie direkt ausgesetzt und bekäme die spitzen Pfeile ab.

? Kann ich im Esszimmer einen Spiegel anbringen?

Generell gilt zwar die Regel, dass der Qi-Fluss durch einen richtig platzierten Spiegel im Raum unterstützt werden kann. Das gilt aber nicht für den Essplatz und das Esszimmer. Das Anbringen eines Spiegels über dem Esstisch macht nur bei Nahrungsknappheit Sinn (Seite 47).
Dagegen birgt ein Spiegel die Gefahr, dass sich die Gäste am Tisch mehr auf ihr Spiegelbild oder auf das des Nachbarn konzentrieren als auf die angebotenen Speisen.
Die durch den Spiegel aktivierte Energie schafft eher eine zu starke Yang-Atmosphäre. Außerdem verunsichert ein Spiegel im Rücken einer Person diese üblicherweise stark, was wir natürlich weder unseren Gästen noch uns selbst zumuten wollen. Seien Sie also mit Spiegeln im Esszimmer besonders vorsichtig, und verzichten Sie im Zweifelsfall besser ganz darauf.

TIPP

So fühlen Sie sich in Ihrem Esszimmer wohl

- Beachten Sie die drei Grundregeln zum richtigen Sitzen, damit Sie und Ihre Gäste sich wohl fühlen: geschützter Rücken, energetisch geschützt, Fenster und Tür im Blick.
- Schaffen Sie eine Yin-lastige Atmosphäre durch die entsprechende Gestaltung, Dekoration und Beleuchtung.
- Verkleiden Sie große Fensterfronten mit weichen Stoffen.
- Spiegel gehören bei Nahrungsfülle nicht in unmittelbare Nähe eines Esstisches.

In diesem Esszimmer fühlen Sie sich wohl – Ihre Gäste sicher auch.

Wie gestalte ich den Essraum nach den fünf Elementen?

Das Esszimmer und das Essen gehören zum Element Erde. Durch Nahrungsaufnahme wachsen wir und können unsere Anlagen entfalten. Die Erde-Energie dreht sich um die eigene Achse, und es heißt auch, die Erde trage alle anderen Elemente in sich. Sie besitzt also das Potenzial aller Elemente. Nach der chinesischen Philosophie sind auch im Menschen zum Zeitpunkt seiner Geburt bereits alle Fähigkeiten und Potenziale (alle fünf Elemente – in unterschiedlicher Ausprägung) angelegt, die sich im Lauf der Jahre entwickeln. Entsprechend des fördernden Elementezyklus (Seite 65) sind also Feuer, Erde und Metall für den Essbereich günstig. Gestaltungstipps zu den einzelnen Elementen finden Sie im Kasten auf Seite 152.

Welche Farben eignen sich für das Esszimmer?

Wollen Sie das Esszimmer nach den fünf Elementen gestalten, können Sie es in den Erde-Farben dekorieren, also in Gelb, Zitronengelb, Orange, Apricot oder Ocker. Auch die Farben des Elements Feuer eignen sich: Rot, Purpur, Bordeaux, Violett, Himmelblau. Außerdem die Metall-Farben Grau, Weiß (neutrale Wandfarbe), Silber und Gold.
Auch Ihre persönlichen Farben, die Sie im Farbentest (ab Seite 73) ermittelt haben, können Sie in Ihrem Esszimmer nutzen.

Worauf muss ich bei meiner Beleuchtung im Esszimmer achten?

Auch die Beleuchtung soll im Esszimmer Yin-Qualität besitzen. Falls Sie große Fensterfronten haben, können Sie

diese mit weich fließenden Stoffen abdämpfen. Denn extreme Helligkeit durch große Fensterfronten und zu viel Tageslicht zählen zur Yang-Energie und sollen durch einen entsprechenden Gegenpol mit Yin-Dekorationen ausbalanciert werden.
Bringen Sie künstliches Licht so an, dass Sie in den Abendstunden die Lichtquellen dimmen können, um eine gemütliche Atmosphäre zu schaffen. Durch Kerzenschein verstärken Sie die Yin-Energie noch.

Wohnzimmer

? *Wie soll ich mein Wohnzimmer gestalten, damit die Energie dort optimal fließen kann?*

Stellen Sie die Möbel so, dass sich das Qi frei durch den Raum bewegen kann und Sie dabei gut sitzen (Kasten Seite 40). Vermeiden Sie in der Nähe Ihrer Sitzgelegenheiten die Bildung von negativer Energie. Vor allem in Zimmerecken staut sich das Qi oft, sodass Sha entsteht. Durch eine regelmäßige Reinigung dieser Bereiche verhindern Sie einen Energiestau.
Sie können solche Zimmerecken auch durch Pflanzen beleben und damit »entschärfen«. Auch Eckschränke oder dekorative Gegenstände verhindern die Sha-Bildung und eignen sich besonders in der Nähe von Sitzbereichen. Dekorieren Sie aber nicht jede Zimmerecke. Normalerweise genügt eine regelmäßige Reinigung.

? *Wohin passen Spiegel am besten im Wohnbereich?*

Spiegel aktivieren die Energie. Sie können also gut im Wohnzimmer eingesetzt werden. Achten Sie darauf, dass der Qi-Fluss durch einen Spiegel positiv beeinflusst wird.

So bekommen Sie und Ihre Mitbewohner mehr Lebensenergie. Am besten nehmen Sie einen Grundriss Ihres Wohnzimmers und zeichnen Ihre Möbel in die Skizze ein. Danach komplettieren Sie die Zeichnung mit den gewünschten Spiegeln an der Wand. Nun können Sie den Energiefluss einzeichnen, der schwerpunktmäßig durch die Wohnzimmertür in den Raum strömt und um Möbelteile herumfließt, ähnlich wie Wasser um Objekte. Versuchen Sie nun, den Einfluss des Spiegels zu simulieren, indem der Energiestrom ähnlich einer Billardkugel auf einem Billardtisch die Energie zurückwirft oder weiterleitet, je nach Einfallwinkel. Richtig eingesetzt, sollte der Spiegel die Energie nicht aus dem Raum hinausbefördern, sondern möglichst in die Bereiche des Zimmers leiten, die nur mit wenig Energie versorgt werden. Aber Achtung: Platzieren Sie einen Spiegel, der ja dem Element Wasser entspricht, jedoch nicht im Zentrum Ihres Hauses oder Ihrer Wohnung!

? *Sollte das Wohnzimmer mehr nach Yin- oder nach Yang-Aspekten eingerichtet werden?*

Grundsätzlich wird das Wohnzimmer ausgewogen gestaltet, mit einem kleinen Überhang im Yang-Bereich. Entscheidend ist aber, welches Ziel Sie in Ihrer guten Stube erreichen wollen und was für ein Typ Mensch Sie sind. Sind Sie eher ein ruhiger Mensch, der sich ungern bewegt und recht bequem ist, täte Ihnen ein Schwerpunkt im Yang-Bereich gut. Durch glatte Böden (Holzboden, Fliesen), gerade Möbelformen, wenig Mobiliar (Zen-Stil) und die Farben des Feuers (Rottöne) erhalten Sie einen energetisch aktiveren Raum, der Sie in der Bewegung und bei diversen Tätigkeiten unterstützt.
Sind Sie ein sehr beweglicher und aktiver Mensch, dem es schwerfällt, sich zu entspannen und zur Ruhe zu finden,

statten Sie Ihren Wohnbereich vor allem mit Yin-Qualitäten aus. Weiche Böden (Teppiche), runde Möbelformen, eher mehr Möbel und Dekorationsgegenstände (bis hin zu plüschig) sowie die Farben des Wassers (Blau und Schwarz) bringen Sie eher zur Ruhe und helfen Ihnen dabei, abzuschalten. Denken Sie aber auch an Ihre Familienangehörigen, die diesen Raum ebenfalls nutzen wollen. Schwerpunktmäßig sollten im Wohnzimmer die Bedürfnisse der Eltern berücksichtigt werden, da vor allem sie in ihrer Freizeit das Wohnzimmer nutzen und ihre Energie an die Familie weitergeben.
Bezüglich der Farbenwahl empfiehlt sich auch hier wieder der Farbentest ab Seite 73.

? *Was muss ich beim Sitzen im Wohnzimmer beachten?*

Stellen Sie Ihre Sitzmöbel so auf, dass Sie auch im Wohnzimmer die drei Grundregeln zum richtigen Sitzen (Seite 39) beachten können: Sorgen Sie mit einer Wand hinter sich für einen geschützten Rücken! Sitzen Sie immer energetisch geschützt, also nicht zwischen Tür und Tür, Fenster und Fenster oder Tür und Fenster! Behalten Sie Fenster und Tür im Blick! Versuchen Sie außerdem, Kanten, Balken und Mauervorsprünge in der Nähe des Sitzbereichs zu entschärfen.

? *Ist ein Sofa oder sind Sessel in der Sitzecke geeigneter?*

Ob Sie sich für eine Sitzecke, ein Einzelsofa oder einen Sessel entscheiden, hängt ganz von Ihren Bedürfnissen ab. Aus Feng Shui-Sicht ist lediglich eine gute Sitzposition wichtig. Weitere Aspekte sind dann die Form (Yin oder Yang), die Farbe und nachrangig das Material.

Pflanzen zeigen den Energielevel an

An Ihren Pflanzen können Sie erkennen, ob in Ihren Räumen ein hohes Energiepotenzial herrscht oder nicht. Wenn Sie den sprichwörtlich grünen Daumen haben, hängt das nur zu einem Teil mit Ihren Fähigkeiten als Hobbygärtner zusammen. Vielmehr sind gut gedeihende Pflanzen ein Indikator für einen hohen Energiespiegel in einem Zimmer. Umgekehrt sind kränkelnde, schwach wachsende Pflanzen ein Signal für einen schlechten Standort. Das bedeutet nicht zwangsläufig, dass zu wenig Qi im Raum vorhanden ist. Vielmehr können auch ungünstige Erdstrahlungen, eine Wasserader oder Elektrosmog Pflanzen in ihrem Gedeihen beeinträchtigen.
Sind jedoch Pflanzen betroffen, wird auch der Mensch geschwächt. Deshalb sollten Sie diese Bereiche genauer untersuchen (lassen). In jedem Fall sollten Sie braune Blätter und welke Blüten immer abzupfen und kranke Pflanzen ersetzen.

? *Sind Pflanzen im Wohnzimmer zu empfehlen?*

Pflanzen passen bestens ins Wohnzimmer, da sie grundsätzlich Lebendigkeit und Wachstum symbolisieren. Soweit es sich um lebendiges Grün handelt, können Pflanzen das Energieniveau in einem Raum heben. Dazu gehören frische Schnittblumen sowie blühende Topf- oder Grünpflanzen. Verzichten Sie auf Trockenblumen, da diese »tot« sind und deshalb eine Quelle für Sha-Energie darstellen. Seiden-, Holz- und Glasblumen können Sie zwar symbolisch verwenden. Sie werden die belebende Kraft einer echten Pflanze allerdings nicht ersetzen können.
In Zimmerecken wirken Pflanzen belebend und dienen

bei Kantenstrahlungen (Sha-Pfeile) als eine Art Schutzschild. Vor großen Fensterfronten können Pflanzen helfen, das Qi im Raum zu halten.

? *Welche Pflanzen sind im Wohnzimmer ideal?*

Wählen Sie möglichst lebende Pflanzen, die sich für den jeweiligen Standort (sonnig oder schattig) und für Ihre Bedürfnisse eignen. Möchten Sie Yang-Qualitäten unterstützen, dann entscheiden Sie sich für große, kräftige, vielleicht stachelige Pflanzen mit einer geraden Blätterform. Yin-Energie fördern Sie mit kleinen, krautigen und blühenden Gewächsen, die eine weiche und runde Blattform haben oder deren Blätter nach unten hängen. Verzichten Sie in der Nähe des Sitzbereichs in jedem Fall auf spitze Blattformen oder Stacheln (Kakteen), um Sha zu vermeiden.

? *Ich möchte im Wohnzimmer einen Zimmerbrunnen aufstellen. Was muss ich bedenken?*

Von einem Zimmerbrunnen ist generell eher abzuraten. Das Wasser hat sehr starke Kräfte und wird – um keinen Schaden anzurichten – auch von Feng Shui-Experten nur sehr gezielt (nach vorheriger Feng Shui-Analyse und -Beratung) eingesetzt. Falsch platziert könnte der Brunnen Ihnen sogar schaden. Außerdem sollte er nie zum Stillstand kommen, da stehendes Wasser negative Energie aussendet.
Ein Beispiel aus der Praxis: Ein Kunde hatte sogar zwei Zimmerbrunnen aufgestellt, die einige Meter voneinander entfernt standen. Diese beiden Brunnen traten in Resonanz zueinander (ähnlich wie das bei Spiegeln der Fall ist) und bildeten somit eine künstliche Wasserader. Die Be-

wohner klagten bald über Kopfschmerzen und leichten Schwindel. Die Beschwerden verschwanden unmittelbar nach Entfernung der Brunnen.

? *Wozu dient ein Zimmerbrunnen in der Feng Shui-Lehre?*

Ein Zimmerbrunnen wird in der Feng Shui-Lehre gezielt eingesetzt, um den Geldfluss ins Haus anzuregen. Es bedarf allerdings sehr komplizierter Berechnungen (die nur von einem Feng Shui-Experten angestellt werden können), um den richtigen Platz im Hause zu finden. Und manchmal kann dieser wegen der Raumkonzeption gar nicht dafür genutzt werden.
Leider gibt es keine allgemeine Faustregel, nach der ein Zimmerbrunnen bedenkenlos eingesetzt werden kann. Möchten Sie es dennoch tun, dann nur, wenn Sie keine finanziellen Schwierigkeiten haben. Denn diese könnten sich durch den falschen Platz noch verstärken. Falls sich Ihre finanzielle Situation verschlechtert, nachdem Sie einen Brunnen aufgestellt haben, entfernen Sie diesen am besten schnell wieder.

? *Unser Wohnzimmer liegt über der Garage. Müssen wir etwas beachten?*

Ein Platz über der Garage ist schon deshalb ungünstig, weil Sie sich den Autoabgasen aussetzen, die auch durch Decken und Wände dringen. Außerdem fehlt dem Wohnzimmer durch die Garage die nötige Erdung. Sollten Sie ein Mensch sein, dem es im Leben an Erdung fehlt, der Schwierigkeiten hat, sich mit den Realitäten des Alltags zu befassen, der lieber davor flüchtet (in die Kunst, in die eigene Gedankenwelt), dann sollten Sie über eine andere Nutzung des Raums nachdenken. Vielleicht nutzen Sie ihn als Haushalts-, Gäste- oder Fernsehzimmer.

Einrichten nach den fünf Elementen

- Fördert Sie das Element Holz, dann wählen Sie rechteckige, hohe, dünne, vertikale, säulenartige und aufstrebende Formen für Stoffmuster (vertikal gestreift), Teppiche, Bodenmuster (Holzdielen vertikal verlegt), Dekorationsgegenstände und nach oben wachsende Pflanzen.
- Für die Unterstützung mit dem Element Feuer legen Sie einen Schwerpunkt auf spitze, sternförmige, gezackte und dreieckige Formen in Stoffmustern, Teppichen, Bodenmustern (Fischgrätmuster im Parkett) und bei Dekorationsgegenständen (Sterne). Aber auch das Feuer selbst in Form eines Ofens oder offenen Kamins fördert Sie.
- Zeigt sich die Erde als Ihr unterstützendes Element, dann entscheiden Sie sich für flache, breite, quadratische, horizontale, niedrige, massive und schwere Formen in Stoffmustern, Teppichen (mit Quadraten oder horizontalen Linien (quer gestreift), Bodenmustern (Holzdielen horizontal verlegt oder auch in Fliesenform) und alles, was mit Erde selbst zu tun hat.
- Fördert Sie das Element Metall, dann wählen Sie runde, kuppelförmige, ovale, bogen- oder kreisförmige Stoffmuster, Teppiche und Bodenmuster sowie alles, was mit Metall selbst zu tun hat.
- Stellt sich heraus, dass Wasser Sie unterstützt, richten Sie sich mit unregelmäßigen, gewellten, flexiblen, abstrakten Formen (wilde Muster) ein sowie mit allem, was mit dem Wasserelement zu tun hat (Spiegel, Glasmöbel, Wasserbilder, aber nicht im Zentrum Ihrer Wohnräume).

Denken Sie daran, dass immer Form und Farbe überwiegen. Das Material selbst wirkt nachrangig.

? *Wie kann ich mich mit den Farben und Elementen am besten in meinem Wohnbereich unterstützen?*

Ermitteln Sie zunächst Ihr förderndes Element anhand des Farbentests ab Seite 73 (oder aufgrund einer persönlichen Horoskopanalyse durch einen Feng Shui-Experten). Neben den entsprechenden Farben, die Sie ab Seite 77 zu jedem Element finden, können Sie die Vorschläge zu den fünf Elementen in Ihrer Einrichtung berücksichtigen (siehe Kasten linke Seite).

? *An einer Wand im Wohnzimmer stehen offene Regale mit Büchern. Kann das ein Problem sein?*

Grundsätzlich ist nichts gegen eine schöne Bücherwand zu sagen, sofern Sie diese regelmäßig reinigen und die Bücher einigermaßen ordentlich aufgereiht sind. Ungünstig wird ein Regal nur dann, wenn dadurch Sha produziert wird. Das kann durch Gegenstände im Regal oder durch Kantenstrahlung geschehen, aber auch bei Energiestau durch Schmutz und Staub, der sich vor allem hinter Buchreihen bildet. Sorgen Sie auch dafür, dass durch die Bestückung des Regals keine große Unruhe in den Raum kommt. Meist helfen Glastüren, um die Gefahr der Sha-Bildung (durch Staub oder Kantenstrahlung) zu bannen. Falls Ihre Bücherwand Unruhe ausstrahlt, könnten Sie sich mit Milchglasscheiben (auch als Folie zum Aufziehen erhältlich) oder mit geschlossenen Schränken helfen.

? *Wie halte ich das Wohnzimmer für alle Bewohner neutral?*

Wenn Sie nicht Ihr persönliches Element fördern möchten, sondern einen neutralen Raum bevorzugen, der alle fünf Elemente beinhaltet, dann wählen Sie als Wandfarbe Weiß und bringen Sie die fünf Elemente durch die Gestaltung und Ausstattung in den Raum ein (siehe Tabellen ab Seite 241).

? *Wir planen einen offenen Kamin im Wohnzimmer. Was sollen wir aus Feng Shui-Sicht bedenken?*

Die Abzugsrohre sollten nicht im Zentrum Ihres Hauses oder Ihrer Wohnung liegen (Seite 118). Ansonsten sind Sie bei der Gestaltung Ihres Kamins ziemlich frei.
Früher galt in unseren Breiten die Regel, keinen Spiegel über den Kamin zu hängen, da die Damen mit ihren Reifröcken Gefahr liefen, bei einem Blick in den Spiegel das eigene Kleid und damit sich selbst zu entzünden. Diese Gefahr besteht heute zwar nicht mehr, aber auch aus Feng Shui-Sicht passen Feuer (Kamin) und Wasser (Spiegel) nicht zusammen, da Wasser das Feuer löscht. Suchen Sie sich also besser einen anderen Platz für Ihren Spiegel.

? *Unser Wohnraum ist sehr geräumig und verfügt über große Glasfronten mit viel natürlichem Licht. Ist das günstig?*

Damit liegen Sie durchaus im Trend. Viel natürliches Licht ist prinzipiell günstig, vor allem für Menschen, die sich nur wenig an der frischen Luft aufhalten (können) und deswegen auch zu wenig Tageslicht bekommen. Aber auch dieser positive Aspekt hat seine Schattenseiten.
Bei zu vielen großflächigen Glasfronten an einem Haus fehlt den Bewohnern der schützende Aspekt. Stattdessen schließen sie oft schon mittags die Rollläden oder Vorhänge, um vor starker Sonnenstrahlung (und neugierigen Blicken der Nachbarn) geschützt zu sein. Dadurch verbannen sie sich selbst in ein abgedunkeltes Verlies und

verhindern damit den Blick nach draußen. Sie nehmen sich also all das, weswegen sie sich ursprünglich für große Glasfronten entschieden haben.
Unabhängig davon ist geschütztes Sitzen in Räumen mit großen Glasfronten oft gar nicht möglich. Denn es herrscht praktisch überall energetischer Durchzug, und es findet sich kaum ein Rückenschutz, der entspanntes Sitzen ermöglichen würde.
Und ein weiterer negativer Aspekt könnte die durchschießende Energie (nächste Frage) sein.

? Was kann ich tun, um die großen Glasfronten zu entschärfen?

Gestalten Sie große Glasfronten mit Stoffen, entweder Yang-lastig mit glatten Stoffbahnen oder Yin-lastig mit weich fließenden Gardinen und Stores. Auch üppige, große Pflanzen helfen, die durchschießende Energie im Raum zu halten. Achten Sie aber darauf, dass die dadurch eingebrachte Holz-Energie nicht zu stark überhand nimmt, es sei denn, Holz ist Ihr persönlich förderndes Element. Vielleicht ist sogar der Einsatz von Milchglasscheiben oder farbigem Glas eine alternative Lösung für Sie.

? Und wie sieht es mit Glaswänden und Glastüren aus?

Zwar wirken Räume mit Glaswänden und Glastüren sehr großzügig, da sie viel Helligkeit, Weite und Größe vermitteln. Dennoch sie sind ungünstig, weil sie – wie auch große Fensterfronten – den Bewohnern keinen Schutz bieten. Nur in seltenen Fällen ist es möglich, bei großen Glaswänden die Grundregeln des richtigen Sitzens einzuhalten (Seite 39). Vor allem besteht die Gefahr des ständigen energetischen Durchzugs, wenn sich Glastür oder Glaswand und Fenster gegenüberliegen.

Wir haben bereits Glaswände und -türen im Haus, was können wir tun?

Der einfachste und günstigste Weg ist sicher, glatte, durchsichtige Glaswände und -türen mit Hilfe von Folien in Milchglasscheiben oder farbige Glasflächen zu verwandeln. Unterstützen und stabilisieren können Sie die beklebten Glasfronten dann noch mit großen Pflanzen, mit Stoffbahnen oder einem Paravent, sofern der Raum dies von der Größe und vom Schnitt zulässt. Falls Ihnen die Wohnung oder das Haus gehört, dann lohnt sich vielleicht auch die Investition in neue Türen und der Austausch der Glaswände. Zu diesen Maßnahmen sollten Sie insbesondere dann greifen, wenn Sie sich unwohl fühlen.

TIPP

So fühlen Sie sich in Ihrem Wohnzimmer wohl

- Achten Sie in Ihrem Sitzbereich auf die drei Grundregeln zum richtigen Sitzen (Seite 39).
- Entschärfen Sie harte Kanten und Ecken, die sogenannten giftigen Pfeile.
- Bringen Sie Spiegel nur in den Bereichen an, die das Qi für Sie günstig lenken (nach dem Billardprinzip, Seite 42).
- Richten Sie Ihr Wohnzimmer leicht Yang-lastig ein.
- Nutzen Sie Pflanzen, um die Holz-Energie zu stärken und das Qi optimal zu leiten.
- Gestalten Sie das Wohnzimmer entweder neutral (Wandfarbe Weiß und die fünf Elemente durch Ausstattung und Dekorationen) oder nach Ihrem fördernden Element (Farbentest Seite 73).
- Sorgen Sie für eine Yang-Beleuchtung und schaffen Sie die Möglichkeit einer Yin-Beleuchtung (eventuell durch Dimmer) für gemütliche Abendstunden.

Ein Wohnzimmer, neutral nach den fünf Elementen gestaltet, für jedes Familienmitglied gleichermaßen ansprechend.

Was ist von Lichtkuppeln und Glasdächern im Wohnbereich zu halten?

Lichtkuppeln in der Decke und Glasdächer haben den positiven Effekt, dass sie die Bewohner mit viel Tageslicht versorgen. Andererseits kann sich die Energie nur schwer im Raum halten. Meist entsteht eine Art Sog nach oben, hin zum Glasdach. Besonders ungünstig ist es, direkt unter einer solchen Lichtkuppel zu sitzen, da das Qi dort wie ferngesteuert nach draußen verschwindet.

Wir haben bereits eine Lichtkuppel im Wohnbereich. Was können wir tun?

Es gibt seit einigen Jahren Stoffsegel zum Spannen, die im Innen- und Außenbereich eingesetzt werden können. Direkt unter der Lichtkuppel oder dem Glasdach angebracht, verhindert das Segel den Energieabzug nach oben. Das ist besonders zu empfehlen, wenn Sie unter dem Glas sitzen wollen.

Sofern es sich um einen freien Platz handelt, können Sie die Energie auch mit entsprechend großen Pflanzen im Raum halten. Achten Sie auf ein harmonisches Größenverhältnis zwischen Pflanzen und Lichtkuppel oder Glasdach. Achten Sie aber darauf, dass die dadurch eingebrachte Holz-Energie nicht zu stark überhand nimmt – es sei denn, Sie fördern sich persönlich mit dem Element Holz (Seite 241).

? *Worauf soll ich bei der künstlichen Beleuchtung im Wohnbereich achten?*

Aus der Feng Shui-Perspektive sollen Sie Räume stets gut ausleuchten, um die Energie in alle Bereiche zu lenken. Benötigen Sie an dunklen Wintertagen auch tagsüber Licht, so sollte der Raum wie bei normalem Tageslicht erhellt werden. Dafür eignet sich das Vollspektrumlicht (Seite 122) am besten, da es dem Sonnenlicht nachempfunden ist und vergleichbar positive Auswirkungen auf unseren Körper hat. Diese Beleuchtungsmittel sind leider noch relativ kostspielig und müssen vom Fachmann auf die notwendige Leuchtkraft hin ausgewählt werden.

? *Uns ist das Vollspektrumlicht zu teuer. Was empfehlen Sie stattdessen?*

Falls Sie auf übliche Leuchtkörper zurückgreifen möchten, denken Sie hierbei auch an Elektrosmog, der sich im Lampenbereich – je nach Produkt – bildet. Vor allem auf Seilverspannungen mit Halogenleuchten sollten Sie verzichten, da diese besonders viel Elektrosmog abgeben. Lassen Sie sich am besten von einem Fachmann beraten.

Es ist immer günstig, wenn Sie die Beleuchtung dimmen können, um zu unterschiedlichen Tageszeiten die entsprechende Helligkeit zu schaffen. Es gilt die Regel: Je heller, desto mehr Yang, je dunkler, desto mehr Yin.

? *Ist aus Feng Shui-Sicht etwas gegen einen Fernseher im Wohnzimmer zu sagen?*

An sich ist nichts dagegen zu sagen, dass ein Fernseher im Wohnraum steht. Vielmehr ist die Frage, wann und wie oft Sie dieses Medium einsetzen und nutzen wollen. Bevor Sie sich mit der ganzen Familie jeden Abend in einem winzigen Fernsehzimmer aufhalten, weil Sie gemeinsam vor der Flimmerkiste sitzen, nutzen Sie lieber Ihren schönen und großzügigen Wohnraum dafür.
Besser ist es allerdings, den Fernseher in einen gesonderten Raum zu verbannen, um ihn dort nur gelegentlich und gezielt zu nutzen (ab Seite 206).

Fernsehen – alles andere als entspannend

Fernsehen gehört zum Yang-Bereich, weil es Aktivität in unser Leben bringt – obwohl wir passiv konsumieren. Wenn wir fernsehen, kommen wir nicht zur Ruhe und entspannen nicht wirklich. Wir müssen zum Ausgleich – um die Yin-Yang-Balance herzustellen – auch den Yin-Qualitäten in unserem Leben genügend Raum geben. Sonst kann es zu negativen Folgen in Form von Unruhe, Schlafstörungen, Nervosität, Depressionen, Burn-out-Syndrom und Ähnlichem kommen.

Vor allem am späten Abend sollten Sie auf Fernsehen verzichten. Widmen Sie sich kurz vor dem Zubettgehen besser wirklich entspannenden Beschäftigungen, um in die Yin-Phase einzutreten. Eine Meditation wäre zum Beispiel sehr empfehlenswert. Damit bereiten Sie sich auf die Nacht vor und begünstigen einen gesunden Schlaf – und sogar das aktive Erinnern an Träume kann angeregt werden!

Wintergarten

? *Ist ein Wintergarten zu empfehlen?*

Ein Wintergarten bietet – auch in kühleren Gegenden mit viel Regen – die Möglichkeit, viel Zeit in natürlichem Tageslicht zu verbringen. Sie wissen, wie wichtig die Sonne für unseren Organismus ist, weshalb gerade zur Depression oder Schwermut neigende Menschen in den dunklen Wintermonaten immer häufiger mit Lichttherapien behandelt werden. In den skandinavischen Ländern mit einem extremen Lichtmangel über viele Monate werden

Tipp

So fühlen Sie sich in Ihrem Wintergarten wohl

- Achten Sie bei späteren Anbauten darauf, dass Sie sich damit keine Fehlzonen schaffen: Der Wintergarten gehört zum Haus. Entspricht die Form des Grundrisses mit dem Wintergarten nicht mehr einem geschlossenen Quadrat oder Rechteck, so sind Fehlzonen vorhanden, die den Bewohnern energetisch schaden können (siehe Kasten Seite 114).
- Ein Wintergarten soll direkt vom Inneren des Hauses erreichbar sein.
- Denken Sie bei Ihren Planungen auch daran, wie wichtig es ist, gerade bei so vielen Glaswänden einen guten Sitzplatz zu schaffen. Beachten Sie dabei die drei Grundregeln zum richtigen Sitzen (Seite 39).
- Planen Sie außerdem für besonders heiße Tage und gemütliche Abendstunden eine Abdeckung (Segel oder Markise) der Glasdecke ein. So wird die Energie im Wintergarten gehalten.
- Wenn Sie jetzt noch Ihr persönlich förderndes Element als Farbe einbringen, dann haben Sie sich eine Oase der Erholung geschaffen, die Sie lieben werden!

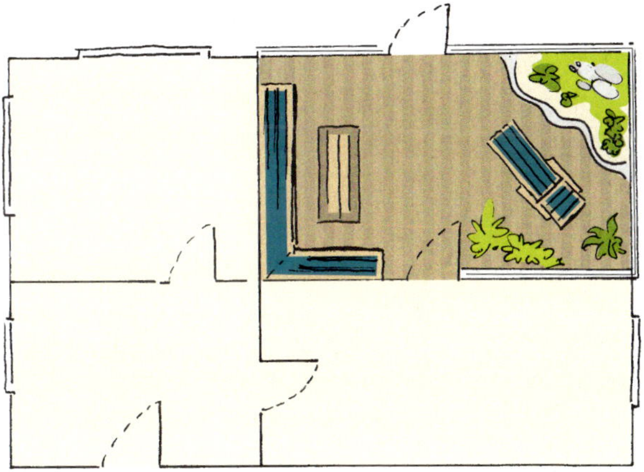

Dieser Wintergarten ist nach den Elementen Wasser und Holz gestaltet.

immer mehr Lokale inzwischen mit Vollspektrumlicht ausgestattet. Auf diese Weise wird versucht, den negativen Folgen des Lichtmangels entgegenzuwirken.
Ein Wintergarten ist also grundsätzlich sehr zu empfehlen!

? Für welche Aktivitäten eignet sich der Wintergarten besonders?

Sie können Ihren Wintergarten als persönlichen Ort des Rückzugs und der Muße gestalten oder als Aufenthaltsraum für die ganze Familie und Freunde. Sogar als Arbeitsplatz eignet sich ein Wintergarten, wenn er entsprechend geplant ist (Arbeitszimmer ab Seite 194). Auch für das Aufziehen und Überwintern von Pflanzen ist ein Wintergarten (wie ein Gewächshaus) bestens geeignet. Entscheidend ist, dass Sie einige wichtige Grundsätze beachten, die in den folgenden Fragen noch beantwortet werden. Außerdem soll ein Wintergarten das ganze Jahr hindurch regelmäßig genutzt werden.

? *Kann ich Spiegel in den Wintergarten hängen?*

Spiegel gehören auf keinen Fall in den Außenbereich – und dazu zählt auch der Wintergarten, da er durch einen vollständigen Glasaufbau den Blick in die Umgebung freigibt und umgekehrt meist vollständig eingesehen werden kann. Gäbe es nun ungünstige Faktoren (Sha) im Außenbereich, die durch einen Spiegel im Wintergarten zurückgeworfen würden, handeln Sie gegen die Feng Shui-Regel, dass alles, was wir aussenden, zu uns zurückkommt. Im Übrigen ist das brandgefährlich: Denken Sie nur an den Versuch im Physikunterricht, als mit Hilfe eines Spiegels die Sonnenstrahlen auf einen Punkt gebündelt wurden und es anfing zu brennen. Also kein Spiegel im Wintergarten!

Schlafzimmer

? *Worauf soll ich bei meinem Schlafplatz achten?*

Das Kopfende Ihres Bettes sollte auf jeden Fall keinen Überbau haben. Bringen Sie also kein Regal über Ihrem Kopf an und kaufen Sie kein Bett mit einem festen Kopfteil, in dem sich Leselampen und Ablagemöglichkeiten befinden. Denn zum einen erzeugen Kanten von Schränken und Regalen über Ihrem Kopf sogenannte Kantenstrahlungen (Sha), die sich auf Dauer durch Schmerzen in den Bereichen, auf die diese Kantenstrahlen treffen (etwa im Nacken- und Schulterbereich) negativ bemerkbar machen können. Zum anderen könnten Ihnen Lampen und Dekorationsgegenstände auf den Kopf fallen. Das stört einen ruhigen und entspannten Schlaf, denn das Unterbewusstsein wird nur dann loslassen und entspannen, wenn es keine Gefahren wittert.

? Wie stelle ich mein Bett am besten auf?

Stellen Sie Ihr Bett mit dem Kopfende so an eine Wand, dass Sie einen geschützten Kopf haben – analog dem richtigen Sitzen. Ebenso sollte Ihr Schlafplatz energetisch geschützt sein (nicht im Durchzug!), und Sie sollten im Liegen Fenster und Tür im Blick haben.
Zudem sollte das Fußende eines Bettes nie direkt zur Tür zeigen. Vielleicht kennen Sie die alte Regel, dass nur die Toten mit den Füßen zuerst aus einem Zimmer getragen werden, die Lebenden hingegen immer mit dem Kopf voran! Dieses Prinzip gilt auch in der Feng Shui-Lehre.

? Spielt auch die Himmelsrichtung eine wichtige Rolle?

Wesentlicher sind die Energieregeln, die Sie in der vorherigen Frage erfahren haben. Können Sie diese einhalten, dann stellen Sie das Kopf- bzw. Fußende in eine der vier Haupt-Himmelsrichtungen. Welche für Sie die beste ist, hängt von Ihrem fördernden Element ab. Sofern Sie dieses nicht mit Hilfe einer Horoskopanalyse von einem Fachmann haben ermitteln lassen, können Sie hier wiederum den Farbentest ab Seite 73 nutzen. Sollten Sie zwei fördernde Elemente haben, so entscheiden Sie aufgrund der Möglichkeiten Ihres Raumes und danach, welche Bereiche Sie in Ihrem Leben besonders fördern wollen. Ist das fördernde Element für Sie

- Holz, so stellen Sie Ihr Bett am besten auf die Ost-West-Achse. Falls möglich, das Kopfende in den Osten.
- Feuer oder Erde, so stellen Sie Ihr Bett auf die Nord-Süd-Achse. Falls möglich, das Kopfende in den Süden.
- Metall, so stellen Sie Ihr Bett am besten auf die Ost-West-Achse. Falls möglich, das Kopfende in den Westen.
- Wasser, so stellen Sie Ihr Bett auf die Nord-Süd-Achse. Falls möglich, das Kopfende in den Norden.

Ist ein Schrankbett günstig?

Ein Schrankbett im Hochformat ist nicht zu empfehlen. Im Unterbewusstsein des Schlafenden kann sich ein unsicheres Gefühl breitmachen, das Bett könnte womöglich plötzlich hochklappen. Das stört den ruhigen Schlaf natürlich empfindlich.

Außerdem wird ein Schrankbett meist dann verwendet, wenn ein Raum nicht nur zum Schlafen genutzt wird. Das ist aus Feng Shui-Sicht ungünstig (siehe nächste Frage). Aber natürlich gilt es auch hier, die Verhältnismäßigkeit abzuwägen. In einem 1-Zimmer-Appartement kann ein Schrankbett aus ganz praktischen Gründen sinnvoll sein (Seite 232), dann aber besser eines im Querformat. Achten Sie zudem darauf, dass Sie keinerlei Metall bei der Verarbeitung des Bettes vorfinden (auch keine Federkernmatratze), da Metall wie eine Antenne wirkt, die alle Sie umgebenden Wellen und Signale (Radiowellen, Handysignale) auffängt und an Sie weiterleitet.

Was spricht gegen eine Mehrfachnutzung des Schlafzimmers?

Nach Feng Shui sollte jeder Bereich die Energie bereitstellen, die für seine Nutzung benötigt wird. Im Schlafzimmer ist das eine ruhige Yin-Energie. Diese ist jedoch ungünstig, um dort zu arbeiten. Denn dafür sind vor allem Yang-Qualitäten gefragt – diese aber lassen wiederum keinen erholsamen Schlaf zu. Also: Ein Zimmer lässt sich eigentlich nie ideal für mehrere Nutzungen einrichten.

Was halten Sie von einem Wasserbett?

Es ist sicher unstrittig, dass ein Wasserbett einen besonderen Liegekomfort bietet, da es sich dem Körper ideal anpasst und somit auch aus orthopädischer Sicht günstig ist.

Aus der Perspektive eines Feng Shui-Experten bekommen wir – auf dem Wasser liegend – aber nicht genug Erdung. Diese ist jedoch notwendig, um ganz im Hier und Jetzt zu leben und stabil auf beiden Beinen zu stehen. Zudem benötigt ein Wasserbett Strom, um das Wasser auf eine angenehme Temperatur zu erwärmen. Dieser Strom wird über das Bett in den Körper geleitet, was definitiv schadet.

? *Wie sollte mein Bett optimalerweise beschaffen sein, um nicht als Antenne zu fungieren?*

Achten Sie darauf, dass Ihr Bett weder aus Metall gefertigt noch Metall im Gestell verarbeitet ist. Das Bettgestell und der Lattenrost sollten aus einem Material bestehen, das keinerlei Strom leitet, etwa Holz. Dasselbe gilt für Ihre Matratze: Eine Federkernmatratze enthält Metall. Bevorzugen Sie daher Schaumstoff oder Latex.
Verzichten Sie also auch auf einen automatisch verstellbaren Lattenrost, den Sie über einen Motor hoch- und runterfahren können. Auch eine Heizdecke, die mit Strom betrieben wird, sollten Sie niemals dauerhaft verwenden. Eine Wärmflasche leistet ähnliche Dienste.

? *Gibt es für ein (Doppel-) Bett ideale Maße?*

Sehr günstige Maße für ein großes Doppelbett wären beispielsweise eine Breite von 210 cm, eine Länge von 210 cm und eine Höhe von 60 cm, denn 210 cm entsprechen Abschnitt 8 (Tabelle Seite 238) mit der Analogie Kapital, positiv. 60 cm entsprechen Abschnitt 4 mit den Analogien Großmut und Nachkommen, ebenfalls positiv.
Andere günstige Maße finden Sie in der Tabelle auf Seite 238. Ihr Bett messen Sie an der Außenumrandung des Rahmens und nicht an der Größe der Matratze.

So richten Sie Ihr Schlafzimmer nach den fünf Elementen ein

- **Holz**: Die Holz-Energie können Sie mit Dekorationsgegenständen in den Raum bringen, die eine vertikale Form aufweisen, also rechteckig-hochkant oder säulenförmig sind. Das können Gardinen, Stores (längsgestreift) oder Bodenmuster (Holzdielen vertikal verlegt) sein.

  Da auch die Farbe Grün (steht für Grün, Maigrün, Tannengrün, Meergrün, Oliv) dem Holz zugeordnet ist, kann sie ebenso die Holz-Energie eines Raumes anheben (Bettwäsche, Kissen und sonstige Accessoires).

- **Feuer**: Die Feuer-Energie können Sie ebenfalls mit Dekorationsgegenständen in den Raum bringen. Sie sollten eine spitze, sternförmige oder gezackte Form aufweisen. Diese Formen können wiederum in den Gardinen, Stores oder Bodenmustern (Fischgrät) vorkommen.

  Auch über die Farbe Rot (steht für Rot, Purpur, Bordeaux, Violett, Himmelblau), die dem Feuer zugeordnet ist, kann die Feuer-Energie des Raumes gefördert werden (Bettwäsche, Kissen und sonstige Accessoires).

- **Erde**: Auch die Erde-Energie können Sie mit Dekorationsgegenständen in den Raum bringen, hier jedoch in einer flachen, horizontalen und quadratischen Form. Wählen Sie dazu quer gestreifte oder quadratische/rechteckige Muster.

Auch mit der Farbe Gelb (steht für Gelb, Zitronengelb, Orange, Apricot und Ocker), die der Erde zugeordnet ist, kann die Erde-Energie des Raumes erhöht werden (Bettwäsche, Kissen und sonstige Accessoires).

- **Metall**: Falls Sie Metall-Energie in den Raum bringen möchten, wählen Sie Dekorationsgegenstände, die rund oder bogenförmig sind. Sie können diese Formen wiederum in Gardinen und Stores (Halbkreise, Kugeln) und in Bodenmustern einbringen.

  Da dem Metall die Farbe Grau (steht für Grau, Weiß, Silber, Gold) zugeordnet ist, können Sie auch damit die Metall-Energie des Raumes anheben (Bettwäsche, Kissen und sonstige Accessoires).

- **Wasser**: Für mehr Wasser-Energie im Raum wählen Sie Gardinen, Stores oder Bodenmuster, die unregelmäßige Formen aufweisen (abstrakte Muster). Oder Sie setzen Glasmöbel ein.

  Falls Sie über die Farbe (dem Wasser ist Blau zugeordnet, das für Ultramarin, Azurblau, Schwarz steht) die Wasser-Energie des Raumes anheben möchten, bringen Sie sie mit Bettwäsche, Kissen und sonstigen Accessoires ein.

? *Ist es in Ordnung, dass unser Bett einen Unterbau mit Schubkästen hat?*

Bestücken Sie die Schubkästen des Unterbaus nur mit Gegenständen, die für Sie keinerlei emotionale Belastung bedeuten, etwa ein Gästeoberbett oder Wolldecken. Dann ist nichts dagegen zu sagen. Lagern Sie aber keinesfalls Akten, Schulbücher oder sonstige Materialien, die (unbewusst) einen ruhigen Schlaf behindern könnten, unter Ihrem Bett.

? *Wir schlafen unter einer Dachschräge. Ist das ein Problem?*

Bei einer Dachschräge zieht der Energiesog nach oben in die Dachspitze, und das ist eher ungünstig. Zudem haben Wandschrägen oft eine gewisse (be-) drückende Wirkung auf Menschen, die sich schlimmstenfalls in depressiven Verstimmungen äußern kann.
Wenn Sie Dachschrägen in Ihrem Schlaf-, Wohn- oder Arbeitsbereich haben, so versuchen Sie, diese durch einen hellen Wandanstrich zu entschärfen, um die Schwere und den Druck zu mindern.

? *Wie vermeide ich Sha im Umfeld meines Schlafplatzes?*

Prinzipiell sollten Sie keinerlei strombetriebene Geräte im Schlafbereich aufstellen – sofern Sie darauf verzichten können. Notwendig ist sicherlich die Beleuchtung, aber entbehren können Sie vermutlich eine Musikanlage, einen Radiowecker (ein batteriebetriebener Wecker leistet die gleichen Dienste), einen Fernseher und Ähnliches.
Optimal ist es, wenn Sie einen Stromfreischalter verwenden, der alle elektrischen Leitungen in einem bestimmten Bereich blockiert (im Elektrofachhandel erhältlich).

Achten Sie auch darauf, dass sich keine Steckdosen in Ihrem Kopfbereich befinden und Mauervorsprünge oder offene Dachbalken keine Pfeile senden können. Verzichten Sie auf Spiegel und bedrohliche Dekorationsgegenstände wie spitzblättrige Pflanzen oder gar Schwerter an der Wand. Außerdem sollten Sie Ihr Schlafzimmer pflegen und immer sauber halten – selbst in den Zimmerecken und unter dem Bett, damit die Energie auch dort ungehindert fließen kann.

? *Ist es günstig, einen begehbaren Kleiderschrank ins Schlafzimmer zu bauen?*

Das ist natürlich eine schöne Möglichkeit und durchaus zu bejahen. In einem begehbaren Kleiderschrank, der in der Regel kein Fenster hat, ist auch das Anbringen eines großen Spiegels ideal. Aber natürlich nicht gegenüber der Zugangstür, sondern nach dem Billardprinzip (Seite 42). Achten Sie hier besonders auf eine gute Yang-Beleuchtung und regelmäßige Reinigung, insbesondere bei offenen Schrankflächen.

? *Wir haben einen großen Spiegelschrank im Schlafzimmer. Was können wir tun, wenn wir den Schrank behalten wollen?*

Spiegel aktivieren die Energie im Raum und wirken somit absolut kontraproduktiv im Schlafzimmer, wo Sie ja zur Ruhe kommen wollen. Spiegel über dem Bett oder an der Kopfseite sind deshalb ein absolutes Tabu!
Dasselbe gilt für einen Spiegel, in dem wir uns vom Bett aus betrachten können (Seite 44). Wenn Sie den Spiegel am Schrank nicht entfernen können oder wollen, so verhängen Sie ihn, sobald Sie sich zum Schlafen begeben. Ein einfacher Vorhang, der natürlich blickdicht sein muss, tut da bereits gute Dienste und ist schnell angebracht.

? *Genügt es nicht auch, wenn wir die anderen Spiegel nachts abdecken?*

Wenn Spiegel miteinander kommunizieren können, also die Spiegelflächen so zueinander stehen, dass sie sich ineinander spiegeln, dann genügt es nicht, diese lediglich zu verhängen. Sie stehen dann nämlich im Resonanzfeld der Spiegel, was einen erholsamen Schlaf sehr stark beeinträchtigt. Denn die Energie wird wie ein Ping-Pong-Ball hin und her geworfen.

? *Ich brauche aber unbedingt einen Spiegel im Schlafzimmer. Wo darf ich ihn aufhängen?*

Im Idealfall bringen Sie einen Spiegel an der Innenseite Ihrer Schranktür an. In jedem Fall aber so, dass Sie sich vom Bett aus nicht in ihm sehen können.

? *Sollen wir bei der Raumluft im Schlafbereich etwas beachten?*

Auch im Schlafzimmer ist eine schadstofffreie Raumluft mit einer relativen Raumluftfeuchtigkeit zwischen 40 und 60 Prozent wünschenswert. Lüften Sie Ihren Schlafraum zwei- bis dreimal täglich, am besten mit Durchzug, indem Sie Fenster und Türen für etwa fünf Minuten – nach dem Aufstehen etwas länger – komplett öffnen.

? *Spricht etwas dagegen, dass mein Fitnessrad im Schlafzimmer steht?*

Wenn Sie eine positive Beziehung zu Ihrem Fitnessrad haben und dieses aus Platzgründen ins Schlafzimmer stellen wollen, können Sie das tun. Obschon aus Feng Shui-Sicht diese Variante nicht optimal ist. Denn ein Schlaf-

zimmer soll eine ruhige Yin-Energie haben, und um auf Ihrem Fitnessrad erfolgreich zu trainieren, benötigen Sie eine aktive Yang-Energie. Das widerspricht sich – und meist geht es zu Lasten einer Seite. Besser wäre ein Fitnessgerät demnach im Wohnzimmer aufgehoben.
Bedenken Sie außerdem, dass der möglicherweise selbst erzeugte Druck, täglich oder mehrmals wöchentlich trainieren zu wollen/müssen, für einen ungetrübten und erholsamen Schlaf wenig förderlich ist. Das schlechte Gewissen begleitet Sie in die Nachtstunden, was Sie unbedingt vermeiden sollten.

? Wie können wir uns im Schlafzimmer persönlich fördern?

Haben Sie mit Hilfe des Farbentests ab Seite 73 Ihr förderndes Element ermittelt, gestalten Sie den Raum entsprechend (Tabellen ab Seite 241). Verzichten Sie ruhig auf die anderen Elemente und bleiben Sie ganz bei Ihren persönlichen Helfern.
Denken Sie aber daran, dass insgesamt mehr Yin-Energie im Schlafzimmer entstehen soll, damit Sie zur Ruhe kommen und gut schlafen können.

? Die Elemente meines Partners passen mit meinen nicht so recht zusammen. Was können wir tun?

Sie können den Schlafbereich selbstverständlich auch neutral halten, indem Sie ihn nach den fünf Elementen einrichten. Dafür streichen Sie den Raum am besten in neutralem Weiß. Suchen Sie beruhigende Bildmotive und eine Dekoration, die Frieden und Freude symbolisiert. Nun sind Sie völlig frei, aus allen fünf Elementen zusätzlich etwas nach Ihrem Geschmack einzubringen (Kasten Seite 174 und Tabellen ab Seite 241).

Im Schlafzimmer ist Yin gefragt!

Yin-Qualitäten helfen dem Menschen,
- Ruhe, Entspannung und Erholung zu finden,
- äußere Eindrücke zu verarbeiten,
- innere Einkehr zu halten und Substanz im Inneren zu schaffen,
- Zufriedenheit zu erlangen,
- Zeiten der Muße zu genießen,
- auszuruhen und neue Kräfte zu sammeln,
- gelassen zu werden,
- gut zu schlafen.

? *Wie fördere ich das Yin-Prinzip in meinem Schlafzimmer?*

Entscheiden Sie sich für runde Formen, Weichheit und Fülle. Für die Einrichtung Ihres Schlafzimmers eignen sich demzufolge Möbel mit weichen und runden Formen, eine üppigere Dekoration (eine rüschige Tagesdecke mit Kissen beispielsweise), flauschige Teppiche und Gardinen oder Stores. Halten Sie die Beleuchtung dezent und warm (kein hartes Neonlicht, am besten mit Dimmer). Wählen Sie zum Schlafen nach Möglichkeit einen Raum mit normaler bis eher kleiner Fenstergröße. Hat Ihr Schlafzimmer große Fensterfronten (was dem Yang-Prinzip entspricht), dann sorgen Sie durch eine komplette Gardinendekoration für eine entspannende Yin-Atmosphäre.
Die Farben Blau bis Schwarz werden dem Yin-Bereich zugerechnet. Aber dennoch Vorsicht: Wenn Sie ein Mensch mit starken Wasser-Qualitäten sind, kann es sein, dass Ihnen ein blaues Schlafzimmer eher schadet. Deshalb ist es auch in diesem Fall besser, Ihre persönlich fördernden Farben einzusetzen. Machen Sie hierzu den Farbentest ab Seite 73.

? *Unser Badezimmer ist vom Schlafzimmer aus zu begehen. Ist das günstig?*

Nach Feng Shui ist es optimal, wenn das Badezimmer vom Schlafzimmer aus über einen kleinen Flur zu erreichen ist, sodass Sie das Bad vom Schlafbereich aus nicht direkt einsehen können.

Die Feng Shui-Lehre besagt, dass möglichst jeder Bereich seinen eigenen abgeschlossenen Raum haben soll, um genau die Energie zu bekommen, die er braucht. Und das ist im Schlafzimmer eine ganz andere als im Bad. Die unterschiedlichen Energien sollen nicht vermischt werden. Außerdem sollen nach Feng Shui die Bewohner nicht sehen, wie Schmutzwasser ihr Haus verlässt. Schließen Sie aus diesem Grund zumindest immer den Toilettendeckel und die Badezimmertür.

? *Dann ist es wohl besonders ungünstig, dass wir unser neues Badezimmer nur mit einer Glaswand vom Schlafbereich abgetrennt haben?*

Das stimmt leider. In diesem Fall können Sie eine Milchglasscheibe einsetzen oder eine farbige Scheibe, die auf der einen Seite die gewünschte Helligkeit gewährleistet, auf der anderen Seite aber undurchsichtig ist und damit als eine Art Mauer fungiert und eine klare Trennung schafft. Vermutlich ist es am preisgünstigsten, eine Folie aufzuziehen, die diese Eigenschaften mit sich bringt. Sie können auch einen blickdichten Vorhang anbringen, der dann allerdings stets zugezogen bleiben sollte.

Eventuell können Sie im Bad auch große Pflanzen als Schutz aufstellen. Für eine solch dichte Pflanzenwand müsste das Bad allerdings ziemlich groß sein. Und Sie sollten das Kapitel »Pflanzen in Wohnräumen« im Grundlagenteil ab Seite 57 nachlesen.

TIPP

So fühlen Sie sich in Ihrem Schlafzimmer wohl

- Im Idealfall hat Ihr Schlafzimmer einen quadratischen oder rechteckigen Grundriss (ohne Fehlzonen), der Ihnen die uneingeschränkte Energie aller Himmelsrichtungen zur Verfügung stellt.
- Platzieren Sie Ihr Bett so, dass Sie die Grundregeln zum richtigen Sitzen im Raum auch auf Ihr Bett anwenden können. Das Kopfende wird hierbei als Stuhlrückseite betrachtet und soll deshalb unbedingt direkt an einer festen Wand stehen. Das Bett soll energetisch geschützt stehen, und Sie sollen im Bett liegend Fenster und Tür im Blick haben. Außerdem soll das Fußende nicht direkt auf die Tür zeigen.
- Platzieren Sie Ihr Bett in eine Haupt-Himmelsrichtung (Seite 60).
- Bringen Sie keinen Überbau über Ihrem Bett an, vor allem nicht im Kopfbereich.
- Weder Bett noch Matratze sollen mit Metall verarbeitet sein.
- Im Schlafzimmer sollen sich keine offenen Spiegel befinden.
- Vermeiden Sie alle überflüssigen strombetriebenen Geräte!
- Idealerweise planen Sie Ihre Stromleitungen und Steckdosen nicht in unmittelbarer Nähe Ihres Kopfendes.
- Nutzen Sie einen Netzfreischalter im Schlafbereich.
- Neben einer ökologischen Bauweise ist es ideal, ökologische und naturbelassene Materialien (für Schränke, Bettzeug und dergleichen) zu verwenden, die Feuchtigkeit aufnehmen können und damit das Raumklima optimieren helfen.

- Gestalten Sie Ihr Schlafzimmer nach den für Sie fördernden Elementen.
- Nutzen Sie ein Zimmer mit Dachschrägen, offenen Balken oder scharfen Mauervorsprüngen nicht zum Schlafen.
- Verwenden Sie Lichtquellen, die Ruhe und Behaglichkeit fördern und möglichst wenig Strom abstrahlen.
- Gestalten Sie Ihr Schlafzimmer nach dem Yin-Prinzip.
- Planen Sie Ihren Badbereich nicht direkt an den Schlafraum anschließend, sondern mit einem separaten Zugang über einen kleinen Flur.
- Die Fenster sollen nicht überdimensional groß sein.
- Planen Sie keinerlei Glaswände oder Glastüren ein.

Eine entspannende Yin-Atmosphäre erreichen Sie in diesem Schlafzimmer mit weichen Stoffen und gedämpftem Licht.

? *Wenn wir den WC-Bereich aussparen, können wir dann ein Bad ins Schlafzimmer integrieren?*

Auch davon ist dringend abzuraten. Sie sollten die unterschiedlichen Bereiche nicht mischen, da jeder Raum eine andere Energie benötigt (Seite 181). Das gilt ganz besonders für Bad und Schlafzimmer.
Sollten Sie ein solches Bade-/Schlafzimmer haben, verbauen Sie den Blick auf den Badbereich so gut wie möglich mit Trennwänden, Paravents, Stoffen, Möbeln und Ähnlichem. Gestalten Sie die Böden und Wände beider Bereiche möglichst unterschiedlich, um auch eine optische Trennung zu erreichen.

? *Was empfehlen Sie zur Beleuchtung des Schlafzimmers?*

Sicher wollen Sie zur Reinigung des Raumes und für den Kleiderschrank eine helle Beleuchtung haben (Yang). Ansonsten eignen sich im Schlafzimmer Lichtquellen, die Ruhe und Behaglichkeit fördern und möglichst wenig Strom abstrahlen. Nutzen Sie also unterschiedliche Leuchtkörper, die warmes, gedimmtes Yin-Licht abgeben, aber sich auch von Zeit zu Zeit dem Bedürfnis einer Yang-Beleuchtung anpassen lassen.

Kinderzimmer

? *Soll im Kinderzimmer Yin oder Yang vorherrschen?*

Das ist in der Tat die Frage! Da ein Kinderzimmer meist für verschiedene Zwecke genutzt wird, liegt in seiner Gestaltung eine große Herausforderung. Sie müssen Schlaf-, Spiel- und oft auch noch Arbeitszimmer in einen

Raum integrieren. Hier fehlt die im Feng Shui gewünschte klare Trennung der unterschiedlichen Tätigkeiten, die jeweils eine andere Energie benötigen. Als Schlafzimmer sollte es Yin-lastig gestaltet sein, als Spielzimmer ausgeglichen (für ruhige Beschäftigungen und dynamische Spiele zugleich) und als Arbeitsbereich eher Yang-lastig. Versuchen Sie, sofern es der Raum von seiner Größe her zulässt, die unterschiedlichen Bereiche zumindest durch die Gestaltung klar voneinander zu trennen. Wählen Sie dafür verschiedene Bodenbeläge oder Bodenmuster, unterschiedliche Farbflächen an den Wänden, Paravents, Regale und Schränke, um den Raum aufzuteilen und so unterschiedliche energetische Bereiche zu schaffen. Zu den Yin- und Yang-Qualitäten lesen Sie ab Seite 49.

? *Wo ist der beste Platz für das Kinderbett?*

Für ein Kinderbett gelten dieselben Regeln wie für Betten im Schlafzimmer (Seite 171): Das Kinderbett soll mit dem Kopfende an einer Wand und nicht im Energiedurchzug zwischen Tür und Fenster stehen. Außerdem sollte Ihr Kind im Liegen Fenster und Tür im Blick haben und nicht mit den Füßen auf die Tür zeigen.

? *Worauf muss ich beim Kinderbett achten?*

Auch hier gilt: Weder das Bettgestell noch die Matratze sollten mit Metall verarbeitet sein, also auch keine Federkernmatratze für das Kinderbett. Und bevorzugen Sie, soweit möglich, ökologische und naturbelassene Materialien. Wenn Sie ein neues Kinderbett anschaffen, sollten Sie zudem ein positives Feng Shui-Maß wählen, etwa 90 cm x 190 cm. Diese Maße entsprechen Abschnitt 1 mit der positiven Bedeutung Reichtum und Abschnitt 4 mit den positiven Bedeutungen Großmut und Nachkommen (siehe Tabelle Seite 238).

? *Mein Kind nimmt immer allerlei mit ins Bett. Was darf eigentlich alles im und am Bett sein?*

Verzichten Sie auch beim Kinderbett auf Lampen und Überbauten über dem Kopfende, die mit Stofftieren, Büchern oder anderen Utensilien bestückt sind. Zum einen kann es gefährlich werden, wenn etwas herabfällt (das vielleicht nicht richtig zurückgelegt wurde), zum anderen könnten diese Dinge im Unterbewusstsein als Bedrohung empfunden werden. Im Bett selbst dürfen natürlich Stofftiere liegen, die jedoch im Verhältnis zum Kind nicht überdimensional groß sein sollten, damit sie (im Schlaf) nicht unheimlich wirken.
Direkt an der Bettumrandung hängendes Spielzeug ist durchaus zu empfehlen. Damit kann sich Ihr Kind während der Einschlaf- und Aufwachphase beschäftigen. Verzichten Sie aber darauf, Rasseln und Ähnliches quer über das Kinderbett zu spannen. Zum einen könnten sie Sha verursachen, zum anderen stören sie den ungetrübten Schlaf des Kindes, da sie – wie Überbauten – unbewusst als Bedrohung empfunden werden und so eine völlige Entspannung verhindern können.

? *Unser Kinderzimmer ist sehr klein. Wir denken deshalb an ein Hochbett oder Stockbett. Was meinen Sie?*

Ein Hochbett ist sicher sehr praktisch, weil der Raum unter dem Bett zu anderen Zwecken genutzt werden kann. Aus Feng Shui-Sicht ist ein Hochbett aber nicht optimal, da es dem Kind nicht die notwendige Erde-Energie zur Verfügung stellt. Das Kind befindet sich in luftiger Höhe und ist dadurch nicht genug geerdet. Gleiches gilt für das obere Stockbett. Auch hier fehlt die Erde-Energie zur Stabilisierung des Kindes. Hingegen ist das untere Stockbett für ein Kind eher bedrückend, da der komplette Überbau über dem eigenen Bett sich belastend auswirkt. Wenn es irgendwie geht, stellen Sie Kinderbetten einzeln auf den Boden. Reicht der Platz nicht, ist ein Schrankbett, in dem Sie ein Bett horizontal (quer) einklappen können, die günstigere Lösung (Seite 172).

? Worauf muss ich beim Schreibtisch meines Kindes achten?

Schreibtisch und Schreibtischstuhl sollen der Körpergröße Ihres Kindes angepasst sein. Zudem soll der Tisch über genügend geschlossenen Stauraum verfügen, damit er am Abend aufgeräumt werden kann und möglichst leer ist. Günstig wäre es auch, wenn Sie den Blick auf den Arbeitsplatz durch eine Abtrennung (breite Stofflamelle oder Trennwand) versperren, damit keine Gedanken an Pflichten den erholsamen Schlaf Ihres Kindes trüben können.

? Wie stelle ich den Schreibtisch am besten auf?

Gerade in kleinen Zimmern stehen Schreibtische oft direkt an der Wand. Das ist sehr ungünstig, da Ihr Kind, wenn es davor sitzt, gegen die Wand blickt. Der Schreibtisch soll so stehen, dass die Grundregeln zum richtigen Sitzen auch in diesem Fall eingehalten werden: geschützter Rücken, kein energetischer Durchzug sowie Fenster und Tür im Blick. Optimal ist auch im Kinderzimmer die sogenannte Powerposition (Seite 41).

? Sollen wir offene Regale oder geschlossene Schränke im Kinderzimmer aufstellen?

Geschlossene Schränke sind grundsätzlich günstiger, da offene Regale durch die unterschiedliche Bestückung starke

Unruhe in den Raum bringen. Außerdem lauern stets Gefahren von Sha-Energie durch die Kantenstrahlungen und Objekte im Regal. Hinter offenen Buchreihen bildet sich Staub und damit wiederum Sha, da die Energie dort nicht frei fließen kann. Das kann in geschlossenen Schränken oder durch geschlossene Regalfronten nicht passieren.

? *Darf ich im Kinderzimmer einen Spiegel aufhängen?*

Verzichten Sie im Kinderzimmer gänzlich auf offene Spiegel, da sie das Qi stark aktivieren und damit den Schlaf stören. Auch wenn Ihr Kind – wie in der Regel üblich – sein Zimmer als Mehrzweckraum nutzt, so sollte es in seinem Schlafbereich ganz zur Ruhe finden können. Das würde ein Spiegel verhindern. Wie im Schlafzimmer, können Sie einen Spiegel aber problemlos auf der Schrankinnenseite anbringen, sodass dieser nach dem Gebrauch wieder im Schrank verschwindet.
Ein Spiegel kann dann günstig sein, wenn der Raum beispielsweise nicht einsehbare Nischen hat, wo die Gefahr besteht, dass sich die Energie staut und Sha bildet. Der Spiegel müsste in diesem Fall allerdings zur Nutzung der Nische passen. Solche Ausnahmen sollten jedoch gut überlegt sein. Im Zweifelsfall lassen Sie offene Spiegel lieber weg. Die Energie in Raumnischen können Sie besser und sicherer durch eine günstige Lichtführung und stete Reinigung in Bewegung halten.

? *Wo ist im Kinderzimmer der beste Bereich zum Spielen?*

Das Zentrum eines Zimmers eignet sich ideal als aktive Spielfläche. Meist ist es ohnehin leer – was es auch sein soll. Deshalb wird vor dem Zubettgehen das Spielzeug wieder aufgeräumt. Achten Sie aber darauf, dass das Spielfeld nicht im energetischen Durchzug zwischen Fenster und Tür liegt. Falls doch, dann mildern Sie ihn durch eine möglichst blickdichte Stoffbespannung am Fenster ab, damit Ihr Kind seinem Spiel- und Bewegungsdrang ungestört nachkommen kann.

? *Wie finde ich das fördernde Element bei meinem Kind heraus?*

Sie können mit Ihrem Kind sehr gut den Farbentest ab Seite 73 durchführen (oder ein Horoskop von einem Feng Shui-Experten erstellen lassen), um das fördernde Element herauszufinden. Sollten Sie diese Möglichkeit nicht haben, etwa weil Ihr Kind dazu noch zu klein ist, dann gestalten Sie das Zimmer nach den fünf Elementen. Setzen Sie dabei ruhig einige Schwerpunkte in den Bereichen, die Sie gerade besonders fördern möchten (Tabellen im Anhang ab Seite 241). Verwenden Sie jedoch keine Vollfarbtöne als Wandfarbe, da deren Wirkung sehr stark ist. Durch das Aufhellen mit Weiß können Sie die Töne abmildern. Wenn Sie mit der Wandfarbe unsicher sind, dann streichen Sie den Raum in Weiß und bringen die fünf Elemente durch farbige Accessoires, Formen und Materialien ein.

? *Wie sollen wir mit Strom im Kinderzimmer umgehen?*

Die Devise lautet: So wenig Strom wie möglich. Denken Sie daran, dass alle elektrisch betriebenen Geräte Strom in unterschiedlicher Stärke abstrahlen, auch Lampen und andere Leuchtkörper. Vermeiden Sie jegliche Stromabstrahlung im Kopfbereich, also kein Radiowecker, sondern besser ein mit Batterie betriebenes Modell. Verzichten Sie auch auf alle Signalgeber und -empfänger, wie eine Funkuhr auf dem Nachttisch. Denken Sie dabei auch an den

TIPP

So fühlt sich Ihr Kind in seinem Zimmer wohl

- Geben Sie Ihrem Kind ein möglichst großes Zimmer, was für ein Eltern-Schlafzimmer nicht nötig ist.
- Achten Sie auf einen guten Schlaf- sowie Arbeitsplatz, die beide den Grundregeln zum richtigen Sitzen (Seite 39) entsprechen.
- Das Bett soll keine Überbauten haben, und es sollen keine Rasseln und Ähnliches quer verspannt sein.
- Verzichten Sie möglichst auf Stock- oder Hochbetten.
- Vermeiden Sie offene Spiegel im Kinderzimmer.
- Das Kinderzimmer sollte im Schlafbereich Yin-lastig, im Arbeitsbereich Yang-lastig und im Spielbereich neutral gestaltet werden.
- Versuchen Sie die verschiedenen Nutzungsbereiche auch optisch zu trennen.
- Entschärfen Sie Kanten, Dachbalken oder Mauervorsprünge.
- Verwenden Sie vor allem geschlossene Schränke.
- Verzichten Sie im Kinderzimmer nach Möglichkeit auf einen Fernseher und Computer.
- Nutzen Sie vorzugsweise batteriebetriebene Geräte (Wecker).
- Lassen Sie sich beim künstlichen Licht beraten, vielleicht lohnt sich die Investition in ein Vollspektrumlicht (Kasten Seite 122).

Grundsätzlich gelten alle Regeln für das Schlaf-, das Arbeits- und das Wohnzimmer ebenfalls für das Kinderzimmer, da es alle Funktionen in einem erfüllt.

Zwei Varianten für eine Feng Shui-gerechte neutrale Gestaltung des Kinderzimmers. Das persönlich fördernde Element Ihres Kindes können Sie beispielsweise durch die Farbe der Bettwäsche oder Dekorationsgegenstände einbringen.

Fernseher mit Stereoanlage im Wohnzimmer, der eventuell auf der anderen Wandseite am Kopfende des Kinderbettes betrieben wird. Denn Stromabstrahlungen gehen auch durch Wände. Wenn Sie die Möglichkeit haben, sollten Sie eine Stromnetzfreischaltung im Kinderzimmer installieren (Seite 22).

? *Sollen deshalb auch kein Computer und Fernseher im Kinderzimmer stehen?*

Das stimmt! Denn die Geräte sind strombetrieben – und ein Handy ist sogar ein Signalempfänger. Das ist aber nicht der einzige Grund, weshalb sie nicht im Kinderzimmer sein sollten. Kinder lieben Computer und Fernseher, da diese Aktivität und Lebendigkeit bringen. Sie fühlen sich von allem, was Yang-Qualitäten (Leben) besitzt, magisch angezogen (dazu gehören übrigens auch Fast-Food-Ketten). Die große Gefahr des Fernsehens und Computerspielens besteht darin, dass Kinder das Leben bequem konsumieren, statt es selbst zu (er-) leben. Der Apparat wird zum Freund des Kindes, der immer spannende Abenteuer bereithält, egal ob auf DVD, Video oder im Kinderkanal. Verzichten Sie also besser auf Computer und Fernseher im Kinderzimmer, damit Ihr Kind selbst aktiv wird, liest, spielt, tobt und Sport treibt.

? *Ich kann die Nutzung von Computer und Fernseher ja nicht ganz verbieten. Was schlagen Sie vor?*

Ideal wäre ein eigener Raum für die Nutzung von Computer und Fernseher. Zum einen beschränkt sich der Elektrosmog durch diese Geräte auf die Zeit der tatsächlichen Nutzung in diesem Raum. Zum anderen behalten Sie im Blick, wie Ihr Kind mit dem Fernseher und dem Computer umgeht, also wofür, wann und wie oft es diese nutzt.

Zur Einrichtung eines Fernsehzimmers siehe ab Seite 206. Falls dies nicht möglich ist, können Sie den Computerplatz vielleicht in einem geräumigen Flur oder im Wohnzimmer installieren. Sollte es aus rein praktischen Gründen sinnvoll sein, den Computer doch im Kinderzimmer unterzubringen, dann treffen Sie unbedingt klare Absprachen hinsichtlich der Nutzungszeiten.

? *Welche Beleuchtung eignet sich am besten im Kinderzimmer?*

Benutzen Sie keine Seilverspannungen mit Halogenleuchten. Solche Leuchtkörper sind aus Feng Shui-Sicht extrem ungünstig und sollten am besten nirgendwo in der Wohnung eingesetzt werden. Denn die Seile produzieren Sha, und das ganze Leuchtsystem strahlt sehr viel Strom ab. Wenn Sie finanziell die Möglichkeit haben, dann sollten Sie das Kinderzimmer mit Vollspektrumlicht beleuchten. Am besten lassen Sie das von einem Fachmann berechnen, damit der Raum auch in der dunklen Jahreszeit gut ausgeleuchtet werden kann (Yang). So erhält Ihr Kind auch während der Spiel- und Lernzeiten im Kinderzimmer das dem Sonnenlicht nachempfundene Vollspektrumlicht, das für seine Gesundheit und Entwicklung besonders förderlich ist (Kasten Seite 122). Zudem schafft es in der dunklen Jahreszeit einen Ausgleich für die eingeschränkte Zeit draußen in der Natur. Achten Sie darauf, dass Sie die Beleuchtung am Abend dimmen können (Yin), um Ihr Kind durch eine warme und dunklere Atmosphäre auf das Schlafengehen vorzubereiten.

? *Unser Kind bewohnt ein großes Dachzimmer. Worauf sollen wir achten?*

Vorrangig sollten Sie Kantenstrahlungen über dem Bett und im Arbeitsbereich entschärfen, die beispielsweise durch Dachbalken und Mauervorsprünge entstehen. Sorgen Sie auch dafür, dass die Dachschräge nicht zu dominant und damit (be-) drückend ist. Ein heller Anstrich wirkt da oft Wunder. Wichtig ist auch, die nicht mehr zugänglichen Bereiche, den sogenannten Kniestock (im Norden auch Drempel genannt), unbedingt sauber zu halten, da sich dort die Energie staut (Sha). Achten Sie darauf, dass sich über dem Bett und dem Arbeitsplatz kein Dachfenster befindet, wodurch die Energie entschwindet.

? *Gibt es bei der Einrichtung eines Jugendzimmers etwas Besonderes zu beachten?*

Für Jugendliche ist die Privatsphäre besonders wichtig. Dabei hat das Bett für die meisten Heranwachsenden eine besondere Bedeutung. Sie ziehen sich dorthin zurück, um zu faulenzen, Musik zu hören oder zu telefonieren. Deshalb sollte das Bett nicht direkt von der Tür aus einsehbar sein – sofern es dann noch nach den Feng Shui-Regeln richtig steht (Seite 171). Vielleicht können Sie den direkten Blick auf das Bett durch Stoffbahnen oder andere Raumteiler verstellen. Oder Sie entscheiden sich für ein sogenanntes Himmelbett. Achten Sie aber darauf, dass das Bettgestell mit Aufbau nicht aus Metall besteht.

ARBEITSZIMMER

? *Wo lauern im Bürobereich Gefahren durch Energiestau?*

Im Arbeitszimmer sind die Gefahren von Elektrosmog, scharfen Kanten und Staubbildung (Sha) durch offene Regale oder Papierberge besonders groß. Verwenden Sie aus diesem Grund nach Möglichkeit geschlossene Schränke und entschärfen Sie alle harten Kanten in Ihrem unmittelbaren Sitzbereich.

Nutzen Sie Ihre Arbeitspausen, um Frischluft (neue Energie) zu tanken und sich einige Zeit in der Natur zu bewegen. Schalten Sie alle Geräte komplett aus, wenn sie nicht mehr benötigt werden. Auf diese Weise halten Sie den Elektrosmog so gering wie möglich. Übrigens produzieren neuere Geräte in der Regel wesentlich weniger Elektrosmog als alte Modelle. Ein Austausch der Arbeitsgeräte lohnt sich möglicherweise auch deshalb. Erkundigen Sie sich im Elektrofachhandel, der in der Regel Angaben des jeweiligen Herstellers bereithält.

? *Kann ich in mein Büro einen Spiegel hängen?*

Da im Büro eine aktive Energie gewünscht wird, spricht generell nichts gegen den Einsatz eines Spiegels. Achten Sie aber unbedingt darauf, dass dieser nicht in Ihrem Rücken hängt und möglichst auch nicht direkt seitlich von Ihnen oder gegenüber. Schließlich wollen Sie von Ihren Tätigkeiten am Schreibtisch nicht abgelenkt werden. Verzichten Sie lieber auf einen Spiegel, wenn Sie nicht sicher sind, wo Sie ihn hinhängen sollen.

? *Wie unterstütze ich die Energie in meinem Arbeitszimmer am besten?*

Da Sie bei der Arbeit mit einer aktivierenden Energie unterstützt werden wollen, sollte ein Arbeitszimmer immer den Schwerpunkt im Yang haben. Dies erreichen Sie durch glatte Böden, gerade Formen, Helligkeit, sparsame Möblierung (Seite 53).
Schaffen Sie sich aber keinen Raum ganz ohne Yin-Qualitäten, das wäre zu viel des Guten. Denn wird ein Prinzip übertrieben, kippt das Ergebnis ins Negative. Im Arbeitsbereich könnte das bedeuten, dass der Raum zu schnelle, hyperaktive Energien produziert, wodurch Ihr innerer

Motor überdreht. Ruhiges Arbeiten gestaltet sich dann schwierig, Sie geraten in Stress und haben stets das Gefühl, noch mehr machen zu müssen. Eine mögliche Folge einer solchen (Yang-) Überforderung ist zum Beispiel das Burnout-Syndrom.

? *Sollte ich alle fünf Elemente gleichgewichtig in mein Arbeitszimmer einbringen?*

Das können Sie zwar tun, aber besser wäre es, Sie würden sich selbst mit Ihrem persönlich fördernden Element über den Raum energetisch unterstützen. Machen Sie dazu den Farbentest ab Seite 73 (oder lassen Sie sich ein persönliches Horoskop von einem Feng Shui-Experten erstellen). Bringen Sie zunächst ruhig alle fünf Elemente in das Zimmer ein, setzen Sie dann aber einen klaren Akzent auf Ihr persönlich förderndes Element, beispielsweise mittels der Raumfarbe.

? *Wie steht der Schreibtisch am besten?*

Nach der Lehre des Feng Shui vermittelt richtiges Sitzen Sicherheit, Stabilität, Konzentration und Kontinuität. Deshalb sollten Sie Ihren Schreibtisch immer so platzieren, dass Sie die drei Grundregeln zum richtigen Sitzen einhalten können:

- Sorgen Sie für einen geschützten Rücken.
- Sitzen Sie immer energetisch geschützt.
- Behalten Sie Fenster und Tür im Blick.

Optimal für einen Arbeitsplatz ist die sogenannte Powerposition – sehr beliebt bei Chefs oder solchen, die es werden wollen! Dabei sitzen Sie diagonal zur Tür, mit Blick auf die Tür – vorausgesetzt, Sie können zugleich die drei Grundregeln einhalten. Versuchen Sie außerdem, den Platz vor Ihrem Schreibtisch frei zu halten.

? *Warum soll ich nichts vor meinen Schreibtisch stellen?*

In der Feng Shui-Lehre wird der freie Raum vor einem Schreibtisch der Zukunft zugesprochen. Das bedeutet für Ihren Alltag, dass Sie an Ihrem Schreibtisch frei und ohne Einschränkungen denken, Pläne schmieden und auch Visionen für die Zukunft entwickeln können. Stellen Sie schon deshalb Ihren Schreibtisch möglichst nicht vor eine Wand. Das könnte Sie beim Denken blockieren. Nicht von ungefähr spricht der Volksmund vom »Brett vor dem Kopf«. Außerdem können die Regeln zum richtigen Sitzen so nicht eingehalten werden.

? *Kann ich mir Pflanzen in mein Arbeitszimmer stellen?*

Pflanzen im Büro sind sogar sehr empfehlenswert, denn sie symbolisieren Leben, Vitalität und Wachstum und passen damit bestens in den Arbeitsbereich. Sie lassen sich im Feng Shui auch gezielt als Hilfsmittel einsetzen, denn sie können die Energie lenken, eine stagnierende Situation auflösen oder einen zu schnellen Energiefluss abbremsen. Sie können also die Energie optimal durch den Raum fließen lassen. Aber stellen Sie keine Pflanzen mit spitzen geraden Blättern in den Sitzbereich (Seite 57)!

? *Bei mir herrscht immer Chaos auf dem Schreibtisch. Wie kann ich Ordnung schaffen?*

Die Feng Shui-Lehre sagt nur, dass Sie unbedingt Ordnung halten sollen, zum Wie sagt sie nichts. Versuchen Sie es doch mit der folgenden Checkliste aus dem Bereich der Büroorganisation – egal ob auf Ihrem Schreibtisch, zu Hause oder an Ihrem Arbeitsplatz in der Firma:

Die richtige Reichweite finden Sie nach der Grundregel: Je häufiger der Zugriff, umso näher der Standort, und je seltener der Zugriff, umso weiter entfernt die Aufbewahrung.
Die Schreibtischoberfläche nutzen Sie nach den folgenden Regeln effizient:

- Entfernen Sie, was Sie nicht täglich (oder wöchentlich) benötigen.
- Reservieren Sie einen festen Platz für Ihre To-do-Liste, falls diese nicht digital vorliegt. Benutzen Sie für Stifte, Brieföffner und Schere senkrechte Behälter, damit Sie sie nicht aus einer waagerechten Ablage umständlich herauskramen müssen.

TIPP

So fühlen Sie sich in Ihrem Arbeitszimmer wohl

- Beachten Sie die drei Grundregeln zum richtigen Sitzen.
- Wenn Sie die drei Grundregeln einhalten können, setzen Sie sich in die Powerposition.
- Möchten Sie an Ihrem Arbeitsplatz kreativ arbeiten, dann organisieren Sie diesen so, dass Sie am Abend einen aufgeräumten, möglichst leeren Schreibtisch hinterlassen.
- Sorgen Sie für eine Yang-lastige Beleuchtung.
- Setzen Sie Spiegel ein, aber nicht in Ihrem Rücken, gegenüber oder direkt seitlich neben Ihnen. Beachten Sie auch das Billardprinzip.
- Lenken Sie die Energie mit Hilfe von Pflanzen, die zudem das Element Holz stärken. Achten Sie auf runde Blattformen in Ihrem Sitzbereich.
- Unterstützen Sie sich selbst, indem Sie Ihr förderndes Element einbringen.

An diesem Schreibtisch sitzen Sie in der Powerposition. Zudem schützen die Pflanzen vor Kantenstrahlung und lenken die Energie günstig in den Raum.

- Belassen Sie nur tagesaktuelle (oder wochenaktuelle) Vorgänge auf Ihrem Schreibtisch.
- Legen Sie gelesene Post nicht wahllos aufeinander, sondern bilden Sie gleich drei Stapel: Ablage, Bearbeiten, Papierkorb.
- Setzen Sie sich das Ziel, Ihren Arbeitsplatz am Abend mit leeren Ein- und Ausgangskörben zu verlassen.
- Nutzen Sie drei Ablagekörbe auf Ihrem Schreibtisch:
  - in Bearbeitung
  - Posteingang
  - Postausgang.

Die Schubladen nutzen Sie nach den folgenden Regeln effizient:

- Entrümpeln Sie Ihre Schreibtischschubladen mindestens zweimal jährlich.
- Entfernen Sie, was Sie nicht mindestens einmal wöchentlich (oder alle 14 Tage) in die Hand nehmen.

- Legen Sie stattdessen alles hinein, was Sie mindestens einmal wöchentlich (oder 14-tägig) zur Hand nehmen und was Sie bisher an einem entfernteren Platz deponiert haben.
- Platzieren Sie Hilfsmittel, die Sie mehrmals täglich (oder wöchentlich) zur Hand nehmen (Marker, Büroklammern, Locher, Stifte), außerhalb der Schublade in direkter Reichweite.

? *Wie sollte mein Schreibtisch beschaffen sein?*

Ein Schreibtisch sollte in erster Linie praktisch sein und Ihren individuellen Platzansprüchen entgegenkommen. Sie können das Material des Tisches, das stets nachrangig betrachtet wird, frei wählen. Entscheidend ist immer die Form. Es empfiehlt sich aber durchaus, das persönlich fördernde Element auch hinsichtlich der Form zu berücksichtigen, sofern Sie einen neuen Schreibtisch kaufen möchten:
Holz: längliche Formen (rechteckig), Material Holz;
Feuer: quadratische/rechteckige Form, Material Kunststoff;
Erde: quadratische/rechteckige Form, Material Stein;
Metall: runde oder ovale Form, Material Metall;
Wasser: asymetrische Form, Material Glas.

? *Welche Maße sind für den Schreibtisch günstig? Und wie berechne ich diese bei einem Schreibtisch über Eck?*

Das Maß eines Schreibtisches wird an den Außenkanten berechnet: Länge x Tiefe x Höhe. Bei einem Schreibtisch über Eck ermitteln Sie die mittlere Länge des Tisches. Hierzu messen Sie die Länge der Innenseite des Tisches und addieren die Zahl zur Länge der ebenfalls gemessenen

Außenseite. Diese Summe teilen Sie dann durch zwei. Das Ergebnis ist die mittlere Länge. Günstige Tischmaße finden Sie in der Tabelle auf Seite 238.

? *Soll der Computer auf dem Schreibtisch oder auf einem extra Tisch stehen?*

Das sollten Sie nach ganz praktischen und natürlich auch nach ergonomischen Gesichtspunkten entscheiden. Die neuen Schreibtische sind meist in L-Form (über Eck) gebaut, sodass wir gerade und in optimaler Höhe sowohl vor unserem Computer als auch an unserer freien Schreibtischfläche sitzen können. Richten Sie sich also nach Ihren persönlichen Vorlieben, denn dazu gibt es keine Feng Shui-Regeln.

? *Ich arbeite unter einer Dachschräge. Ist das ein Problem, auch wenn alle drei Sitzregeln erfüllt sind?*

Eine Dachschräge hat grundsätzlich den Nachteil, dass sie auf die Bewohner leicht (be-) drückend wirkt. Das hängt aber auch sehr maßgeblich vom Neigungswinkel ab. Je stärker die Schräge, desto ungünstiger. Sie begrenzt den Bewohner und schränkt somit räumlich ein, was sich aufgrund des Resonanzprinzips auf den Menschen, je nach persönlicher Veranlagung, mehr oder weniger auswirkt. Streichen Sie die Schräge hell, um ihr die Dominanz und drückende Wirkung zu nehmen (Kasten Seite 138).

? *Kann ich mein Arbeitszimmer auch anderweitig nutzen, etwa für Gäste?*

Das können Sie selbstverständlich! Damit die Mehrfachnutzung nicht zu Lasten eines Bereichs geht, sollten Sie sich entscheiden, welchen Schwerpunkt Sie setzen möchten. Soll das Zimmer hauptsächlich als Büro genutzt werden, so richten Sie es entsprechend ein. Wenn Sie dann einige Nächte im Jahr Gäste darin beherbergen, gestalten Sie den Schlafbereich entsprechend warm und freundlich (Gästezimmer ab nächste Seite).

? *Was sollte ich bei der Beleuchtung im Büro beachten?*

Ihr Arbeitszimmer benötigt eine Yang-Beleuchtung. Je nach Nutzungshäufigkeit könnte sich die Investition in ein Vollspektrumlicht (Seite 122) lohnen, vor allem dann, wenn Sie wenig Zeit in der freien Natur verbringen.

? *Ich bin Freiberufler und arbeite zu Hause. Wie kann ich mich aus Feng Shui-Sicht besser vermarkten?*

Versuchen Sie Arbeit und Privates möglichst gut zu trennen, und achten Sie darauf, dass Ihre berufliche Tätigkeit auch an Ihrem Hauseingang zu erkennen ist (Firmenschild, gute Außenbeleuchtung, freundlicher Eingang). Sie sollten leicht zu finden sein, auch wenn Sie keinen Kundenverkehr haben. Laufen Ihre Geschäfte über längere Zeit schlecht, dann ziehen Sie am besten einen Feng Shui-Experten zu Rate – oder denken Sie über ein externes Büro oder einen Umzug in eine belebte Gegend nach.

? *Wie sieht die Feng Shui-Lehre ein Heimbüro?*

Zum Wohnen zieht es die meisten Menschen zwar eher in ruhige Gegenden, in Nebenstraßen, aufs Land oder an den Stadtrand, aber die freiberufliche Tätigkeit unterstützt das nicht optimal. Deshalb empfiehlt sich ein Home-Office aus Feng Shui-Sicht eher nicht.

Um freiberufliche Leistungen erfolgreich vermarkten zu können, wird eine belebte Umgebung benötigt – womit die Lage des Hauses gemeint ist. Denn nur in einer aktiven Umgebung finden (potentielle) Kunden das »Geschäft«. Zum »Geschäft« gehören auch die Dienstleistungen, die eine Schriftstellerin oder ein EDV-Spezialist anbieten, die beide zu Hause arbeiten.
Es gibt allerdings auch Häuser, die trotz einer ruhigen Umgebung einen Geldsegen bringen. Das lässt sich aber nur mittels komplizierte Berechnungen durch einen Feng Shui-Experten feststellen. Wenn es bei Ihnen beruflich gut läuft, gibt es keinen Grund, eine Veränderung vorzunehmen.

GÄSTEZIMMER

? ***Unser Gästezimmer wird ausschließlich als solches genutzt. Wie sollen wir es am besten einrichten?***

Nutzen Sie das Gästezimmer auch dann nicht als Rumpelkammer, wenn Sie gerade keine Gäste haben. Richten Sie es zweckmäßig mit Bett, Schrank oder Kommode, eventuell einem Tisch und einer Sitzgelegenheit ein. Normalerweise werden sich Ihre Gäste in diesem Raum für einige wenige Tage zum Schlafen und Relaxen aufhalten und in der übrigen Zeit mit Ihnen in Ihren Wohnräumen (Essküche, Wohnzimmer). Das Gästezimmer sollte also Yin-lastig sein wie ein Schlafzimmer (ab Seite 170).

? ***Wir nutzen das Gästezimmer auch anderweitig. Wie können wir es trotzdem für unsere Gäste behaglich gestalten?***

Richten Sie den Raum nach der Hauptnutzung ein, so wie Sie es unter der jeweiligen Rubrik finden. Wichtig ist es, den Schlafplatz von Arbeit, Unruhe, Schmutz und sonstiger

Mehr als ein Gästezimmer?

In den wenigsten Wohnungen und Häusern sind genügend Räume vorhanden, um ein reines Gästezimmer einzurichten. Aus Feng Shui-Sicht ist das auch nur empfehlenswert, wenn Sie häufig Übernachtungsbesuch haben, damit das Zimmer nicht zu einem toten, weil ungenutzten Raum wird. Meistens dient ein Gästezimmer als Mehrzweckraum, er ist zugleich Büro, Haushaltsraum, Fernsehzimmer, Meditations- oder Lesezimmer.

Belastung (wie Strom) zu befreien. Damit sich Ihr Gast wohlfühlt, sollten Sie seinen Schlafbereich auch als solchen gestalten. Begrüßen Sie ihn vielleicht mit einem Willkommensgruß, einem kleinen »Betthupferl« beispielsweise oder ein paar Schnittblumen, und selbstverständlich mit einem frisch bezogenen Bett und einer kleinen Leselampe. Versuchen Sie, den Schlafbereich von der übrigen Raumnutzung so gut es geht zu trennen, etwa durch Stoffe, Paravents, Pflanzen oder die Gestaltung des Bodens. Dadurch schaffen Sie eine Yin-Atmosphäre, die für Ruhe und Entspannung sorgt.

? *Kann ein Spiegel meinen Gast stören?*

Grundsätzlich sind Spiegel in einem Gästezimmer genauso ungünstig wie in einem Schlafzimmer. Sollten Sie den Raum hauptsächlich zu anderen Zwecken nutzen, etwa als Arbeitszimmer, und ein Spiegel wäre für diesen Bereich besonders günstig, dann müssen Sie sich entscheiden, was Ihnen wichtiger ist: die Unterstützung bei Ihrer Arbeit oder der ruhige Schlaf eines Besuchers an wenigen Tagen im Jahr. Vielleicht können Sie ja den Spiegel abhängen oder verdecken, wenn Sie Übernachtungsgäste haben.

? *Welche(s) der fünf Elemente wähle ich für mein Gästezimmer?*

Sollten Sie den Raum hauptsächlich für Ihre Besucher nutzen, dann richten Sie ihn am besten relativ neutral ein. Das heißt, als Wandfarbe wählen Sie Weiß, und ansonsten bringen Sie möglichst alle fünf Elemente durch Farben, Formen und Material in den Raum ein.

Ein Gästezimmer, neutral nach den fünf Elementen gestaltet.

? *Und wie sieht die beste Beleuchtung im Gästebereich aus?*

Auch hier kommt es auf die Raumnutzung an. Ein Gästezimmer wird wie ein Schlafzimmer behandelt und sollte über Yin-Lichtquellen verfügen, zur Raumreinigung aber ebenso über eine Yang-Beleuchtung. Große Fenster sollten Sie mit weichen Stoffen verkleiden, sodass nicht zu viel Tageslicht (Yang-Energie) in den Raum eindringt.

? *Wie stelle ich im Fernsehzimmer am besten die Möbel auf, und wo soll der Fernseher stehen?*

Achten Sie darauf, dass der Fernseher an einer wenig frequentierten Stelle steht, also nicht im Durchgangsbereich, und auch nicht direkt am Fenster. So werden Sie nicht abgelenkt. Damit Sie die Fernsehzeiten genießen können, achten Sie vor allem darauf, dass Ihre Sitzmöbel nach den drei Grundregeln aufgestellt sind: Sitzen Sie mit geschütztem Rücken, nicht im energetischen Durchzug, behalten Sie Fenster und Tür im Blick!

? *Darf ich einen Spiegel an die Wand des Fernsehraums hängen?*

Zwar wird das Fernsehen selbst dem Yang-Bereich zugeordnet, da wir uns über das Medium das Leben und Erleben ins Haus holen, wenn auch passiv. Allerdings sollte die Umgebung für das Fernsehen an sich Yin-lastig gestaltet sein. Dazu gehört natürlich auch, die Raumenergie nicht mit einem Spiegel zu aktivieren.

? *Sollten wir den Fernsehraum immer nach dem Yin-Prinzip einrichten?*

Wenn Sie das Zimmer ausschließlich zu diesem Zweck nutzen, also nur für einen überschaubaren Zeitraum am Tag und in der Woche, sollten Sie es Yin-lastig einrichten, damit eine gemütliche, entspannte Atmosphäre entsteht. Diese schaffen Sie mit weichen Möbeln, dicken Teppichen, fließenden Stoffen und Vorhängen und einer gemütlichen Beleuchtung. Dient der Raum noch einem anderen Zweck, etwa als Büro (Yang), dann versuchen Sie, die unterschiedliche Nutzung auch optisch zu verdeutlichen.

? Empfehlen Sie auch Pflanzen im Fernsehzimmer?

Durchaus, zumindest spricht nichts gegen Pflanzen in einem Fernsehzimmer. Bedenken Sie dabei, dass Pflanzen die Holz-Energie eines Raumes stärken. Außerdem können Pflanzen – je nach Standort – energetischen Schutz liefern. Achten Sie aber unbedingt darauf, dass Pflanzen mit geraden, spitzen Blättern nicht in unmittelbarer Nähe Ihres Sitzbereichs stehen. Sie können gefährlich sein, und sie produzieren Sha-Energie.

? Nach welchem der fünf Elemente sollen wir unser Fernsehzimmer einrichten?

Mittels Farbentest (ab Seite 73) können Sie wieder das fördernde Element der Person(en) ermitteln, die den Raum am häufigsten nutzt/nutzen. Sie könnten auch alle Elemente in den Raum einbringen und den Schwerpunkt (entsprechend dem fördernden Element) beispielsweise auf eine Wandfarbe legen.

Wenn Sie den Raum neutral halten, dann wird er vielen Nutzern gerecht, ohne das fördernde Element für eine einzelne Person zu berücksichtigen. Als neutrale Wandfarbe empfiehlt sich wiederum Weiß. Die fünf Elemente können Sie durch Farbe, Form und Material (immer nachrangig) der Einrichtungs- und Dekorationsgegenstände einbringen.

? Welche Leuchtkörper eignen sich für ein Fernsehzimmer?

Wählen Sie die Beleuchtung unter Yin-Aspekten, um eine kuschelige, gemütliche Atmosphäre zu unterstützen.

Aber sehen Sie auch eine Yang-Beleuchtung für die Reinigung des Raumes vor.

? *Ist es sinnvoll, ein eigenes Lese- und Meditationszimmer einzurichten?*

Wenn Sie die Möglichkeit dazu haben, ist das natürlich ein wunderbarer Luxus! Allerdings sollten Sie den Raum auch regelmäßig nutzen, damit er nicht zum toten Bereich wird. Suchen Sie sich als Erstes einen optimalen Sitzplatz zum Lesen oder Meditieren. Achten Sie dabei unbedingt auf das Einhalten der drei Grundregeln zum richtigen Sitzen im Raum (Seite 39). Sorgen Sie dafür, dass die Energie in diesem Raum ruhig fließt. Helfen Sie sich notfalls mit Pflanzen, Stoffen, Paravents und Ähnlichem. Verzichten Sie auf einen Spiegel – es sei denn, dieser belebt einen sonst energetisch unterversorgten Bereich. Beachten Sie alle Regeln einer Yin-lastigen Einrichtung (Seite 52). Zur Beleuchtung lesen Sie die Frage auf Seite 210.

? *Passt ein Spiegel in diesen ruhigen Raum?*

Ist der Raum gut mit Energie versorgt und ein Spiegel nicht notwendig, etwa um Fehlzonen auszugleichen oder Energie in tote Bereiche zu leiten, dann sollten Sie auf diesen verzichten. Ein Lese- und Meditationszimmer benötigt eine ruhige Yin-Energie zum Entspannen.

? *Wir möchten das Lesezimmer mit einer Bücherwand ausstatten. Spricht etwas dagegen?*

Sichtbare Regale auf großen Wandflächen erzeugen Fülle, was die gewünschte Yin-Energie unterstützt. Gleichzeitig besteht aber die Gefahr von Unruhe und Ablenkung, wenn sichtbare Regalflächen ungleichmäßig bestückt werden. In diesem Fall sollten Sie möglichst Bücherschränke oder Regale mit Türen kaufen.

Ein weiterer Nachteil offener Bücherregale besteht darin, dass sie durch harte Kantenstrahlen und eine starke Staubbildung Sha-Energie verursachen können. Sie müssen deshalb immer gut sauber gehalten werden, was oft recht aufwändig und mühsam ist.

? *Welche Farbe sollte das Zimmer haben?*

Wählen Sie unbedingt die Farbe für mindestens eine Wand als Dekorationsfarbe, die Ihrem persönlich fördernden Element entspricht. Dadurch fühlen Sie sich wohl und ausgeglichen. Ermitteln Sie Ihr förderndes Element mit Hilfe des Farbentests ab Seite 73.

? *Soll ich ausschließlich mein persönliches Element bei der Einrichtung verwenden?*

Sie können einen Raum ganz nach Ihrem fördernden Element (maximal zwei Elemente) gestalten, wenn vor allem (oder gar ausschließlich) Sie ihn nutzen.
Einfacher und beinahe ebenso wirksam ist es, alle fünf Elemente einzubringen und den Schwerpunkt dann auf Ihr förderndes Element zu legen. Sie können aber auch alle fünf Elemente gleichwertig einbringen und den Raum damit neutral gestalten. Auf diese Weise machen Sie zwar nichts falsch, fördern sich aber auch nicht gezielt.

? *Kann ich mein gelbes Ledersofa ins Lesezimmer stellen?*

Falls Sie das Element Erde fördert, ist das eine gute Wahl – ansonsten verschenken Sie es besser! Wenn Sie das gelbe Ledersofa einordnen wollen, dann gehört die Form – flach, breit, quadratisch/rechteckig – (meist) zum Element Erde, ebenso die Farbe Gelb. Das Material Leder wird zwar dem Feuer-Element zugerechnet. Aber Sie wissen ja:

Am stärksten wirkt die Form, dann die Farbe und am wenigsten das Material.
Sie können das Sofa aber auch weiterhin nutzen, indem Sie sich beispielsweise für einen Überwurf in der Farbe Ihres fördernden Elements entscheiden. Oder Sie gestalten den Rest des Raumes nach Ihrem fördernden Element entsprechend dominant. Das schafft einen guten Ausgleich zum »Eyecatcher-Sofa«!

? *Welche Leuchtkörper sind im Lese- und Meditationszimmer optimal?*

Achten Sie darauf, dass Sie für einen solchen Raum ausgewogene Leuchtmittel nach dem Yin-Yang-Prinzip wählen, sodass Sie je nach Nutzung unterschiedliche Schwerpunkte setzen können. Schließlich wollen Sie mit Freude lesen und entspannt meditieren, aber dabei nicht schläfrig werden. Wichtig ist selbstverständlich eine gute und helle Ausleuchtung des Lesebereichs. Lichtspendende Leselampen gibt es in vielen Varianten.
Die Investition in ein Vollspektrumlicht (Seite 122) ist dann lohnend, wenn Sie viele Stunden in dem Raum und nur wenige an der frischen Luft verbringen. Suchen Sie den Raum dagegen nur wenige Stunden in der Woche auf, genügen auch herkömmliche Leuchtmittel. Wählen Sie dann aber Produkte mit einer geringen Stromabstrahlung, die Ihnen ein Elektrofachmann empfehlen kann.

Bad und WC

? *Gibt es für die Badewanne einen bevorzugten Platz?*

Für die Badewanne (und das WC) gelten die gleichen Regeln wie für das richtige Sitzen (Seite 39). Schließlich möchten Sie in der Badewanne ja nicht nur kurz den

Körper reinigen, sondern hin und wieder auch ein wohltuendes Bad zur Entspannung genießen können. Also: geschützter Rücken, Fenster und Tür im Blick, kein energetischer Durchzug.

? Gibt es noch etwas Wichtiges, was ich im Bad und WC beachten sollte?

Ja! Halten Sie den WC-Deckel und die Zimmertür immer geschlossen. Aus Feng Shui-Sicht ist es ideal, wenn der gesamte Bad- und WC-Bereich vollkommen abgeschlossen ist, also an keiner Stelle offen oder einsehbar (keine Glaswände oder Glastüren). Um unangenehme Gerüche zu vermeiden und nicht zu sehen, wie Schmutzwasser das Haus verlässt, ist der Zugang zum Bad und WC über einen kleinen Flur wünschenwert.

? In unserem Bad hängt ein großer Spiegel. Ist das günstig?

Im Bad dürfen Sie großzügig mit Spiegeln umgehen, da diese zum Element Wasser gehören und somit ideal in den Badbereich passen, wo sie die Energie aktivieren. Schließlich sind Sie im Bad aktiv, wenn Sie duschen oder die Morgen- bzw. Abendtoilette erledigen.

? Wo können wir den Spiegel im Bad am besten anbringen?

Hängen Sie keinen Spiegel gegenüber der Badezimmertür auf, da Sie sonst das Qi nicht ins Bad hineinlassen würden. Günstig ist ein großer Spiegel auf der Innenseite der Badezimmertür, denn er vermeidet, dass die negative Sha-Energie den Raum verlässt und sich in den übrigen Räumen ausbreitet. Aus demselben Grund können Spiegel an der Außenseite der Badezimmer- oder Toilettentür angebracht werden, sofern es zum Rest der Wohnräume passt (Seite 48). Vermeiden Sie aber Energiebarrieren, indem Sie Spiegel nicht über Eck oder sich direkt gegenüber hängen.

? *Gilt dasselbe für Spiegel in einem separaten Gäste-WC?*

Ja, auch hier gelten dieselben Regeln wie fürs Bad. Ein großer Spiegel an der Innen- und/oder Außenseite der Tür ist besonders günstig (siehe vorige Frage) – und zwar für jedes Bad und WC.

TIPP

So fühlen Sie sich in Ihrem Bad und WC wohl

- Halten Sie Türen und Toilettendeckel stets geschlossen.
- Planen Sie kein Bad in das Zentrum Ihrer Wohnung oder Ihres Hauses, auch nicht direkt angrenzend (ohne Zwischenflur) an das Schlafzimmer. Ebenso vermeiden Sie ein Bad oder Gäste-WC direkt im LoShu-Feld Ihres Eingangs (LoShu-Quadrat siehe Grundlagenteil Seite 118).
- Hängen Sie Spiegel auf, aber nicht gegenüber der Badezimmertür.
- Sorgen Sie für eine Yang-Beleuchtung.
- Damit Sie sich frei und ungezwungen im Bad bewegen können, sorgen Sie für blickdichte Fenster.
- Wenn Sie genügend Platz haben, stellen Sie Pflanzen ins Badezimmer.
- Gestalten Sie das Bad mit den Elementen Holz, Metall und Wasser.
- Verzichten Sie auf Glastüren und Glaswände.

Ein Badezimmer nach Feng Shui, gestaltet nach den Elementen Metall, Wasser (Spiegelwand auf der linken Seite) und Holz.

? Sollten Bad und WC Yin- oder eher Yang-lastig gestaltet werden?

In diesem Raum sollten beide Prinzipien vertreten sein, jedoch mit einem Überhang an Yang. Generell sind wir im Bad meist aktiv, abgesehen von den wenigen gemütlichen Entspannungsbädern (Yin-Prinzip), die wir uns vielleicht ab und an gönnen. Diese Mischung ist normalerweise durch geflieste, glatte Böden und Wände (Yang) sowie die Dekorationen mit weichen, flauschigen Hand- und Badetüchern sowie Badezimmermatten (Yin) bereits vorgegeben. Ein weiterer Aspekt ist die Leere und Fülle. Ein kleines Bad sollte nicht zu vollgestopft wirken (Yin-Prinzip), ein großes Bad nicht zu leer (Yang-Prinzip).

? *Ist es günstig, wenn Pflanzen im Bad oder WC stehen?*

Pflanzen passen bestens in einen Nassbereich, da nach dem Elemente-Zyklus Wasser (Bad) das Holz (Pflanzen) nährt (Seite 65). Das Element Holz hilft außerdem, dass das Bad nicht zu Yang-lastig wird, denn es sorgt für Fülle (Yin). Mit Hilfe von Pflanzen halten Sie auch die Energie länger im Bad und WC, sodass sie langsam abfließen kann, was nach Feng Shui erwünscht ist.

? *Welche Pflanzen eignen sich besonders gut im Bad und WC?*

Wählen Sie die Pflanzen, die Ihnen am besten gefallen und zu dem Standort in Ihrem Nassbereich passen. Verzichten Sie aber auch dort auf Pflanzen mit geraden spitzen Blättern, wo der sogenannte giftige Pfeil direkt auf Sie treffen kann. Geben Sie Pflanzen mit gebogenen (spitzen) oder mit runden Blättern den Vorzug.

? *Welche der fünf Elemente passen für die Badgestaltung?*

Bad und WC sollten nicht mit dem Element Feuer und möglichst auch nicht mit dem Element Erde dekoriert und ausgestaltet werden. Die Elemente, die sich nach dem Elementezyklus mit dem Badezimmer gut vertragen, sind Metall und Holz. Nutzen Sie im Bad also die Farben und Formen von Metall, Wasser und Holz.

? *Soll ich im Bad und WC mein förderndes Element einbringen?*

Bringen Sie im Bad/WC nur dann Ihr förderndes Element ein, wenn es Metall, Wasser oder Holz ist. Auf das Erde-

und Feuer-Element sollten Sie verzichten, da sie nicht zu dem genutzten Bereich passen. Deshalb hat Ihre Förderung hier – ausnahmsweise – keinen Vorrang.

? *Wir möchten ein Haus bauen. Gibt es Bereiche, wo wir kein Bad und WC planen sollten?*

Verzichten Sie unbedingt auf ein Bad oder WC im Zentrum Ihres Hauses (Seite 118). Wenn Sie Ihren Wohnbereich in neun gleich große Felder einteilen, sollten Bad und (Gäste-) WC möglichst auch nicht in dem Feld liegen, in dem auch Ihr Hauseingang liegt. Die einströmende Energie wird sonst direkt ins WC geleitet und droht, das Haus umgehend durch die Toilette wieder zu verlassen. Die Folge für die Bewohner könnte sein, dass sie sich irgendwie nie richtig zu Hause fühlen und meinen, ausziehen zu müssen oder zu wollen. Und schließen Sie ein Bad auch möglichst nicht unmittelbar an ein Zimmer an. Ein kleiner Zwischenflur wäre optimal.

? *Empfehlen Sie ein bestimmtes Licht im Bad und WC?*

Das Bad sollte grundsätzlich mit Yang-Beleuchtung gut ausgeleuchtet sein, optimalerweise mit Vollspektrumlicht. Zu den wenigen Yin-Aktivitäten (wie ein Entspannungsbad) können Sie beispielsweise mit Kerzen eine entspannungsfördernde Beleuchtung schaffen.

? *Ist es günstig, wenn ein Bad große Fensterfronten hat?*

Große Fensterfronten unterstützen zwar die im Bad gewünschte Yang-Energie. Andererseits leben die wenigsten Menschen in einsamen Gegenden, in denen das Haus geschützt und für Fremde uneinsehbar liegt. Wenn Sie nicht dazu gehören, dann brauchen Sie vor großen Fensterfronten dringend einen Sichtschutz, damit Sie sich frei und ungezwungen im Bad bewegen können – es sei denn, die Fenster sind mit undurchsichtigen Scheiben oder entsprechenden Folien versehen. Natürlich können Sie auch Rollos, Gardinen oder Stores wählen, um nicht neugierigen Blicken ausgesetzt zu sein.

? *Unser Badezimmer wird mit einer Glastür verschlossen. Was schlagen Sie vor?*

Der Bad- und WC-Bereich sollte vollkommen abgetrennt und abgeschlossen sein. Zudem lehrt Feng Shui, dass die Bewohner nicht sehen sollen, wie Schmutzwasser ihr Haus verlässt. Deshalb sind Glastüren oder Glaswände sehr ungünstig für Badezimmer. Sie sollten diese deshalb nach Möglichkeit so umgestalten, dass sie undurchsichtig werden, etwa mit Farb- oder Milchglasfolien, Vorhängen, Stoffbespannungen oder auch mit großen und dichten Pflanzen (siehe auch Seite 214).

Abstellraum

? *Gibt es in der Abstellkammer aus Feng Shui-Sicht etwas zu beachten?*

Ein Abstellraum dient in der Regel der Aufbewahrung von Dingen des Haushalts, wie Lebensmitteln, Getränken, Haushaltsgeräten, Putzutensilien und dergleichen. Diese stehen dann meist – schon aus Kostengründen, aber auch um den Platz optimal zu nutzen – in offenen Regalen. Das ist grundsätzlich in Ordnung, wenn Sie sich im Abstellraum nicht länger aufhalten. Denn dann können Sie die giftigen Pfeile, die aufgrund scharfer Kanten entstehen könnten, nicht beeinträchtigen.

Offene Regalsysteme sind allerdings wiederum große Staubfänger, was das freie Fließen von Qi-Energie verhindert und Sha-Energie begünstigt. Geschlossene Schränke wären also von Vorteil. In jedem Fall sollten Sie auch im Abstellraum die Regale immer sauber halten und Kleinteile in geschlossenen Boxen aufbewahren. Es hilft auch, die Regale mit einem Vorhang zu verschließen.

? *Ist es schlimm, dass unsere Abstellkammer oft überfüllt und unaufgeräumt ist?*

Aus Feng Shui-Sicht ist jede Form von Chaos im Außen ein Hinweis auf ein Chaos im Innen. Äußeres Durcheinander bindet nicht nur unnötigerweise Energie, ein ordentliches Umfeld ist sogar die Voraussetzung dafür, dass Ihnen bei Ihren Tätigkeiten möglichst viel Energie zur Verfügung steht. Achten Sie also darauf, dass in Ihrem Wohnumfeld kein Chaos entsteht. Und wenn es einmal da ist, dann krempeln Sie die Ärmel hoch und räumen Sie auf! Viele fühlen sich nach einer Aufräum- und Ausmistaktion wie neu geboren und gehen wieder voller Energie und Tatendrang an die Arbeiten.

? *Sollen wir in unserer Abstellkammer Spiegel und Pflanzen anbringen?*

Ja, Spiegel sind sehr günstig, vor allem, wenn die Kammer kein oder nur ein kleines Fenster hat! Beachten Sie ansonsten auch hier die allgemeinen Regeln aus dem Grundlagenteil ab Seite 41, also vor allem keine Spiegel gegenüber der Tür und dem Fenster.

Sollten Sie auch noch die Möglichkeit haben, Pflanzen in Ihrem Abstellraum unterzubringen, ist das natürlich wunderbar – solange Sie das Gießen nicht vergessen. Denn sterbendes Grün sollten Sie in Ihrem Heim unbedingt vermeiden, ganz egal in welchem Raum.

? *Macht es Sinn, eine Abstellkammer nach den fünf Elementen einzurichten?*

Das ist günstig, sofern Sie ohne besonderen Aufwand die Möglichkeit haben, alle fünf Elemente bei der Gestaltung zu berücksichtigen (Farben, Formen, Muster, Materialien). Sollte dies jedoch schwierig sein, dann richten Sie sich einfach nach den Raumgegebenheiten und Ihren persönlichen Anforderungen an den Raum.
Für eine neutrale Gestaltung gilt: Zu viel Yin (Fülle und offene Regale) gleichen Sie mit Yang aus (mit der Farbe Rot etwa und mit einer hellen Beleuchtung). Und bei zu viel Yang (eher leerer Raum und glatte Flächen) verwenden Sie einen weichen, flauschigen Teppich, Yin-Farben (vor allem Blautöne) und Ähnliches.

Schlüssel verlegt?

Gehören Sie auch zu den Menschen, die ständig ihren Schlüsselbund in der eigenen Wohnung suchen? Solche »Schlüsselprobleme« haben ihre Ursache fast immer darin, dass es für derartige Dinge keinen festen Platz gibt. Das heißt, Menschen, die Schlüssel und andere Alltagsutensilien wiederholt verlegen, haben sich nie bewusst entschieden, wo sie diese aufbewahren wollen.
Überlegen Sie sich deshalb einmal ganz bewusst, wo und wie Sie diese kleinen Gegenstände verstauen möchten. Haben Sie sich einmal entschieden, dass Sie die Schlüssel beispielsweise grundsätzlich auf der Regalablage im Flur aufbewahren, dann werden Sie unbewusst gesteuert: In Zukunft legen Sie die Schlüssel stets dort ab, ohne noch groß zu überlegen – und das Erfreuliche daran ist: Sie finden sie auch garantiert immer wieder!

? *Sollte eine Abstellkammer nach dem Yin- oder nach dem Yang-Prinzip gestaltet sein?*

Da in einer Abstellkammer normalerweise keine Aktivitäten stattfinden, wird dort eher ruhige, also Yin-lastige Energie benötigt. Aber Achtung: Aufgrund der Fülle, die sich im Lauf der Zeit dort oft ansammelt, läuft der Raum Gefahr, zu Yin-lastig zu werden. Sollte das der Fall sein, helfen Spiegel dabei, die Raum-Energie zu aktivieren. Sie können auch mit Hilfe der Yang-Farbe Rot die Raumbalance (Yin/Yang) wiederherstellen.

? *Welche Beleuchtung eignet sich am besten in einer Abstellkammer?*

Schon aus praktischen Erwägungen sollten Sie sich für eine gute Ausleuchtung des Raums entscheiden. Schließlich wollen Sie die gesuchten Gegenstände finden. Die gewünschte Yin-Dominanz im Raum (zu der eine helle Beleuchtung eben nicht zählt) erreichen Sie durch die restliche Gestaltung und Nutzung der Kammer meist ganz automatisch (siehe oben).

HAUSHALTSRAUM

? *Wir haben ein kleines Wasch- und Bügelzimmer. Was sollten wir beachten?*

In einem Haushaltsraum benötigen Sie eine Energie, die Sie bei Ihren Aktivitäten unterstützt, also eher Yang-lastig ist. Das erreichen Sie am besten über glatte Böden, gerade Formen und Leere im Raum.
In den Bereichen des Zimmers, in denen Sie sich länger aufhalten (etwa beim Bügeln oder Nähen), beachten Sie außerdem die Regeln zum richtigen Sitzen im Raum.

TIPP

Ist Ihr Arbeitsberg zu groß geworden?

Dann machen Sie ihn kleiner – nach der folgenden Methode aus dem Zeitmanagement:

1. Die Bestandsaufnahme: Überprüfen Sie, welche Arbeiten anstehen.

2. Teilen Sie anschließend die anstehenden Aufgaben in drei Kategorien ein: »dringend und wichtig«, »wichtig« und »dringend«.
   Dringende Aufgaben sind immer mit einem Zeitdruck verbunden, der entweder von außen (gesellschaftliche Verpflichtungen, getroffene Vereinbarungen) oder von innen (durch Sie selbst und Ihre Familie) gesetzt wird. Die Ursachen dieser Dringlichkeit liegen oft in einer mangelnden Arbeitsorganisation oder in externen Vorgaben.
   Die Wichtigkeit einer Aufgabe hängt ausschließlich davon ab, ob Ihnen persönlich etwas wichtig ist und es mit Ihren Zielen übereinstimmt.

   - *Oberste Priorität* haben *dringende und wichtige* Aufgaben, wenn etwa die Garderobe für eine Abendeinladung aufgebügelt werden muss.
   - *Zweite Priorität* haben *wichtige* Aufgaben, beispielsweise montags, mittwochs und freitags planen Sie jeweils eine Stunde zum Wäschewaschen, Bügeln und In-die-Schränke-sortieren ein (Ziel: geregelter Haushalt, in dem sich keine Arbeitsberge auftürmen).
   - *Dritte Priorität* haben *dringende* Aufgaben, etwa Ihre Mutter hat Sie gebeten, ihr bei der Umgestaltung ihres Balkons zu helfen. Das mag für Ihre Mutter dringlich und wichtig sein, für Sie

ist es aber vermutlich nur eine dringliche (externer Zeitdruck), aber keineswegs eine wichtige Aufgabe, die mit einem eigenen Ziel verbunden ist.

3. Schätzen Sie den Zeitbedarf für die einzelnen Aufgaben möglichst realistisch ein.
4. Planen Sie nun die Aufgaben in Ihrem Kalender ein. 60 Prozent Ihrer verfügbaren Zeit können Sie verplanen, 40 Prozent halten Sie für unvorhersehbare Dinge und für alltägliche Routinearbeiten als Puffer frei.

Achten Sie außerdem darauf, dass sich kein Staub und Schmutz ansammelt, auch wenn Sie den Raum längere Zeit nicht nutzen. Sonst kann die Energie nicht mehr frei fließen, und es bildet sich Sha.

? *Im Haushaltsraum stapelt sich die Arbeit, was ich als Belastung empfinde. Kann ich etwas dagegen tun?*

Dass Sie unerledigte (Haus-) Arbeit belastet, ist ganz normal. Die meisten Menschen lieben diese Tätigkeiten nicht besonders. Damit Sie nicht permanent daran erinnert werden, sollten Sie die Tür zu Ihrem Haushaltsraum, wo sich vermutlich immer zu erledigende Wäsche und ähnliche Arbeiten ansammeln, geschlossen halten. Denn wenn Sie sie nicht ständig sehen, werden Sie sich auch weniger beschwert fühlen, da Sie nicht bei jedem Vorbeigehen (und dem Blick auf die Arbeit) mit den zu erledigenden Tätigkeiten in Resonanz treten.
Sollten Sie sich jedoch auch bei geschlossener Tür ständig unter (Haus-) Arbeitsdruck fühlen, überprüfen Sie einmal

grundsätzlich Ihre Arbeitsplanung (siehe Kasten Seite 220). Vielleicht ist der Arbeitsberg ja zu groß geworden und droht Ihnen über den Kopf zu wachsen.

? *Sind Spiegel in einem Haushaltsraum günstig?*

Spiegel eignen sich hervorragend in einem Haushaltsraum, da sie die Energie aktivieren (Yang), die Sie für die Tätigkeiten im Haushaltsraum gut brauchen können. Beachten Sie beim Anbringen aber die Regeln und Vorschläge aus dem Grundlagenteil (Seite 41).

? *Ich würde gern ein paar Pflanzen in den Haushaltsraum stellen. Raten Sie mir dazu?*

An sich sind Pflanzen aus Feng Shui-Sicht auch in einem Haushaltsraum günstig. Allerdings sollten Sie dabei bedenken, dass sich dort erfahrungsgemäß viel Staub bildet, der regelmäßig entfernt werden müsste, damit die Sha-Energie keine Chance hat. Wenn Sie also beim Staubwischen die Pflanzen nicht vergessen, stellen Sie diese ruhig dort auf!

? *Sollte auch ein Haushaltsraum nach dem Prinzip der fünf Elemente gestaltet werden?*

Ja, das ist durchaus günstig, aber Sie müssen nicht alle fünf Elemente einbringen. Nutzen überwiegend Sie den Raum, dann legen Sie den Schwerpunkt auf Ihr förderndes Element (aus dem Farbentest ab Seite 73). Sie haben eventuell mehr Gestaltungsfreiheit, wenn Sie dieses Element nach dem Elementezyklus in das vorherige und nachfolgende einbinden, also
Holz: Wasser – Holz – Feuer

Feuer: Holz – Feuer – Erde
Erde: Feuer – Erde – Metall
Metall: Erde – Metall – Wasser
Wasser: Metall – Wasser – Holz
Einrichtungstipps zu den Elementen finden Sie ab Seite 60. Behalten Sie dabei auch die gewünschte Yang-Lastigkeit im Auge (glatte Böden, geschlossene Schrankfronten, Leere, gerade Formen, Helligkeit und dergleichen).

? *Welche Beleuchtung ist in diesem Raum ideal?*

Achten Sie auf eine gute, Yang-lastige Beleuchtung. Große Fenster sind also ideal, damit Sie das Tageslicht nutzen können. In den Abendstunden sollte der Raum sehr hell ausgeleuchtet werden können, damit Ihnen zum Arbeiten eine aktive Energie zur Verfügung steht.

Dachboden

? *Macht es etwas aus, dass der Dachboden unseres Hauses unorganisiert ist?*

Der Dachboden eines Hauses steht in der Feng Shui-Lehre in direkter Verbindung mit der Zukunft seiner Bewohner. Ein chaotischer Dachboden weist auf ungeordnete Zukunftsperspektiven hin. Vielleicht zeigt sich das bei Ihnen so, dass Sie sich für Ihr weiteres Leben viele mögliche Wege vorstellen, aber sich nicht für einen bestimmten entscheiden können – sei es beruflich oder privat. Oder Ihre Zukunft ist für Sie ungewiss, und es fällt Ihnen schwer, ein klares Ziel oder gar eine Vision zu entwickeln. Das können Sie ändern, indem Sie Ihren Dachboden ordnen. Sollten Sie sich damit allein überfordert fühlen, bitten Sie Freunde, Ihnen zu helfen. Falls es besonders schlimm ist, holen Sie sich professionelle Hilfe.

? *Und was bedeutet ein vollgestellter Dachboden?*

Ein vollgestellter Dachboden (häufig zugleich ein ungeordneter Speicher, siehe vorige Frage) zeigt an, dass die Zukunftsthemen für die Bewohner blockiert sind und diese sich damit auch nicht beschäftigen wollen oder können. Das äußert sich im Leben der Betroffenen oft so, dass sie intensiv an Bestehendem festhalten, Veränderungen scheuen und stattdessen hoffen, es möge alles so bleiben, wie es ist. In der Regel fehlt auch den Bewohnern eine Perspektive für die Zukunft.
Die Gefahr besteht darin, dass die Menschen sich vom Fluss des Lebens abschneiden und jede Veränderung als Bedrohung ihrer Existenz empfinden. Feng Shui lehrt: »Nichts ist beständig, nur der Wandel.« Und darauf sollen auch Sie sich einlassen, damit Sie in den Fluss des Lebens kommen. Eine wichtige Voraussetzung dafür ist, sich von Altem zu trennen und für Neues Platz zu machen (Kasten rechts).

? *Unser Speicher ist vollkommen leer. Was sagt die Feng Shui-Lehre dazu?*

Ihre Zukunft ist frei und unbelastet, was sehr günstig ist. Außerdem gehört die Leere zur Yang-Energie, die im Dachboden gut passt. Das bedeutet aber nicht, dass der Speicher grundsätzlich immer leer sein soll.

? *Wir nutzen den Dachboden als Abstellfläche. Wie sollen wir ihn am besten gestalten?*

Legen Sie Ihr Hauptaugenmerk auf Struktur und Ordnung sowie die Möglichkeit, den Raum sauber halten zu können (besenrein genügt). Da der Dachboden in den

TIPP

Entrümpeln befreit!

Befreien Sie sich von altem Ballast: Fangen Sie an, den Dachboden, den Keller und die übrigen Räume zu entrümpeln und aufzuräumen. Schaffen Sie Ordnung im Außen, damit Sie Struktur und Richtung im Innen erhalten. Sie werden sehen, dass Ordnung und Struktur in Ihren Räumen unmittelbar in Resonanz mit Ihnen treten und Sie mit neuen Zukunftsperspektiven belohnt werden. Trennen Sie sich von allem Unwichtigem. Als Faustregel gilt: Alles, was Sie zwei Jahre lang nicht gebraucht haben, können Sie verkaufen, verschenken oder wegwerfen. Fällt es Ihnen schwer, sich von überflüssigem Ballast zu befreien, bitten Sie Verwandte oder Freunde, Ihnen zu helfen, oder suchen Sie sich professionellen Rat.
Sicher hilft es, sich einen Arbeitsplan zu erstellen, denn selbst bei guten Vorsätzen schafft niemand alles auf einmal. Auch um nicht völlig überfordert gleich wieder aufzugeben, ist eine vorherige Planung sehr empfehlenswert. Gehen Sie wie folgt vor:

- Erstellen Sie eine Aufgabenliste mit allen Punkten, die Sie erledigen wollen.
- Ordnen Sie diese Aufgabenliste nach den Bereichen (Schränke/Zimmer).
- Planen Sie die Aufgaben nach den Prioritäten »dringlich und wichtig«, »wichtig« und »dringlich« in Ihren Kalender ein, und berücksichtigen Sie auch hier die Regel 60:40 aus dem Zeitmanagement (Seite 220).
- Sollten Sie sich trotz sorgfältiger Planung mit der Zeit verschätzt haben, geben Sie nicht auf. Seien Sie nachsichtig mit sich selbst, und versuchen Sie es etwas später erneut. Denken Sie immer daran: Aller Anfang ist schwer!

Yang-Bereich fällt, sollte er möglichst leer bleiben, auf keinen Fall aber vollgestopft werden. Heben Sie keine Gegenstände auf, die Sie nicht wirklich benötigen. Beherzigen Sie die bekannte Regel: Alles, was Sie in den letzten zwei Jahren nicht benutzt haben, können Sie ausmisten und entsorgen. Schaffen Sie sich kein Flohmarktlager, wenn Sie nicht regelmäßig auf einem solchen verkaufen. Es gilt die Devise: Weniger ist mehr!

? *Sollten wir die fünf Elemente in irgendeiner Form berücksichtigen?*

Das können Sie gern tun, falls Sie Lust dazu haben. Aber wir wollen es auch nicht übertreiben! Wenn Sie den Dachboden als Abstellraum nutzen, halten Sie sich darin ja auch nicht länger auf. Deshalb ist eine besondere Gestaltung nicht notwendig. Außerdem wird für das Lagern von Gegenständen keine besondere Energie benötigt. Vermeiden Sie lediglich die Bildung von Sha-Energie durch Staub und Schmutz (besenrein halten genügt).
Wollen Sie den Raum doch gestalten, gelten dieselben Regeln wie für andere Räume: entweder neutral mit weißen Wänden und die übrige Einrichtung nach den fünf Elementen oder nach dem fördernden Element des Hauptnutzers. Versuchen Sie bei der Gestaltung den gewünschten Yang-Schwerpunkt zu berücksichtigen.

? *Welches Licht eignet sich im Dachboden am besten?*

Sorgen Sie für eine gute Ausleuchtung (Yang), schon aus praktischen Erwägungen. Schließlich werden Sie, sofern Sie auf Ihren Dachboden gehen, entweder Gegenstände deponieren, suchen oder einfach nur den Raum reinigen wollen. Zu all dem ist eine gute Beleuchtung notwendig. Außerdem ist ein nicht gut ausgeleuchteter Dachboden aufgrund der Dunkelheit sehr Yin-lastig – obwohl er in den Yang-Bereich gehört.

? *Wir möchten unseren Dachboden gern ausbauen und als Schlafraum nutzen. Was sollten wir dabei beachten?*

Grundsätzlich gelten dieselben Empfehlungen wie für das Schlafzimmer (ab Seite 170). Wegen der Dachschrägen sollten Sie die folgenden Empfehlungen beherzigen:

- Planen Sie keine offenen Dachbalken, sondern verkleiden Sie diese.
- Vermeiden Sie scharfe Mauerkanten in der Nähe Ihres Schlafplatzes.
- Halten Sie die Anzahl der Schrägen so gering wie möglich. Vielleicht nutzen Sie die nicht mehr begehbaren Bereiche für Einbauschränke.
- Streichen Sie die Schrägen hell, um ihnen die Dominanz und drückende Situation zu nehmen.
- Glatte Holzverkleidungen sollten Sie ebenfalls in einem sehr hellen Farbton streichen oder beizen.
- Planen Sie die Fenster des Raumes so, dass Sie einen geschützten Schlafplatz erhalten. Verzichten Sie also auf Dachflächenfenster über dem Schlafplatz.

? *Wir haben gar keinen Dachboden. Fehlt uns jetzt die Zukunftsperspektive?*

So kann man das nicht sagen. Vielmehr zeigt die Erfahrung, dass etwa in einem Bungalow oder auch in einer Etagenwohnung ohne Dachgeschoss die Bewohner oft stark in der Gegenwart leben und sich weniger Gedanken um die Zukunft machen. Verfügen sie aber über einen großen Ming Tang (Seiten 102 und 108), dann übernimmt dieser die Aufgaben des nicht vorhandenen Dachgeschosses.

Mit anderen Worten: Sie sind zukunftsorientiert, aufgeschlossen gegenüber Neuerungen und gehen flexibel mit Veränderungen um.

Keller

? ***Unser Keller ist unaufgeräumt. Hat das etwas zu bedeuten?***

Ein unorganisierter Keller weist darauf hin, dass die Bewohner ihre eigene Vergangenheit, die in der Feng Shui-Lehre mit dem Keller in Verbindung steht, noch nicht vollständig aufgearbeitet und emotional noch nicht bewältigt haben.

? ***Und was besagt ein vollgestellter Keller?***

In diesem Fall können oder wollen die Bewohner sich nicht mit der eigenen Vergangenheit beschäftigen, vielleicht weil diese durch traumatische Erlebnisse belastet ist. Dieser unsichtbare Ballast der Vergangenheit wird zugeschüttet und zeigt sich auf einer anderen Ebene, hier eben, indem der Keller zugemüllt wird. Vor diesem Hintergrund ist es verständlich, weshalb sich manche Menschen so schwertun, ihren Keller einmal gründlich auszumisten. In diesem Fall empfiehlt es sich, ihn schrittweise zu entrümpeln und die Wirkung bei sich zu beobachten. Bei Schwierigkeiten kann eine gründliche Arbeitsplanung (Kasten zum Zeitmanagement Seite 220) oder Unterstützung von außen helfen.

? ***Unser Keller ist absolut leer. Was sagt die Feng Shui-Lehre dazu?***

Das ist nach Feng Shui sehr günstig! Ihre Vergangenheit ist offenbar unbelastet, Sie tragen kein unbearbeitetes emo-

tionales Päckchen mit sich herum und Sie können die Gegenwart nach Ihren Vorstellungen gestalten.
Das heißt aber nicht, dass der Keller stets komplett leer sein muss. Als Yin-Raum (Vergangenheit und Fülle) darf er durchaus als Abstellfläche genutzt werden, soweit dies mit Ordnung und Struktur verbunden ist – damit das Qi auch im Keller frei fließen kann.

Befreien Sie sich von Altlasten

Der Keller steht in der Feng Shui-Lehre in direkter Verbindung mit der Vergangenheit und dem Unbewussten seiner Bewohner. Sein Zustand zeigt an, ob sie sich mit den Themen der Vergangenheit (Kindheit, Elternbeziehung, frühere Partnerschaften) beschäftigt und ausgesöhnt haben oder nicht. Oft dauert es deshalb etwas länger, um im Keller gründlich aufzuräumen und die Altlasten loszuwerden. Nehmen Sie sich Zeit dafür, aber bleiben Sie dran!

Werfen Sie immer auch einen Blick auf Ihre Vergangenheit und mögliche belastende Themen. Der Volksmund sagt zwar: »Die Zeit heilt alle Wunden«, das ist aber nur bedingt richtig. Natürlich lernen wir mit der Zeit, mit negativen Erlebnissen umzugehen und unseren Alltag einigermaßen vernünftig zu bewältigen. Aber ein traumatisches Erlebnis zum Beispiel verschwindet nicht einfach, sondern es liegt auf unserer Seele.

? *Wie sollten wir unseren Keller gestalten?*

Wenn Sie Ihren Keller nur als Abstellfläche nutzen, macht eine aufwändige Gestaltung wenig Sinn. Denn für das Lagern von Gegenständen wird keine besondere Energie benötigt. Vermeiden Sie aber unbedingt eine Stagnation durch Staub und Schmutz (Sha-Energie), indem Sie den Keller regelmäßig reinigen (besenrein reicht).

? *Was ist beim Licht im Keller zu bedenken?*

Sorgen Sie trotz des Yin-ausgerichteten Kellers schon aus ganz praktischen Gründen für eine Yang-lastige Beleuchtung. Schließlich brauchen Sie eine gute Beleuchtung, wenn Sie den Raum reinigen oder Gegenstände deponieren und suchen wollen. In der übrigen Zeit (wenn sich niemand darin aufhält) darf der Keller als Yin-Raum gern dunkel und dämmrig sein.

? *Wir haben einen Hobbyraum im Keller, den wir zum Sport und für Partys nutzen wollen. Was sollen wir beachten?*

Wenn Sie einen Party- und Sportkeller planen, dann achten Sie darauf, dass in den extrem Yin-lastigen Kellerräumen genug Yang-Energie zur Verfügung steht. Sorgen Sie also für sehr viel Licht, am besten über mehrere Lichtquellen. Wählen Sie eine helle Wandfarbe und vielleicht rote Accessoires. Sitzecken und Sportgeräte zum Sitzen stellen Sie am besten nach den drei Grundregeln zum richtigen Sitzen (Seite 39) auf.

? *Unser Sohn möchte gern im Hobbyraum im Keller wohnen. Spricht aus Feng Shui-Sicht etwas dagegen?*

Grundsätzlich spricht nichts dagegen, sofern dieser Umzug zum Alter des Kindes passt. Günstig dafür ist die Zeit der Pubertät, da Kinder sich in diesem Alter sehr aktiv mit sich, der Umwelt, der Familie und vor allem den Eltern auseinandersetzen. Ein Kellerraum kommt diesem Bedürfnis entgegen, da er den Reifungs- und Abnabelungs-

prozess fördert. Denn der Keller konfrontiert seine Bewohner mit den eigenen Wurzeln, der Herkunft, der Kindheit und der Vergangenheit.
Es kann (nicht nur) für viele Jugendliche sehr heilsam sein, sich mit den unaufgearbeiteten Themen zu beschäftigen, um daraus resultierend starke Wurzeln fürs Leben zu entwickeln. Stellen Sie sich einen Baum vor, der starke Wurzeln in der Erde braucht, um sich in der sichtbaren Welt entwickeln zu können und groß und stark zu werden. Die Wurzeln eines Baumes sind etwa so groß wie seine Krone. Auch ein Mensch braucht starke Wurzeln, um sich ganz entfalten zu können.

? *Wie sollen wir den Kellerraum für unseren Heranwachsenden einrichten?*

Achten Sie auf genügend Licht und andere Hilfen zur Förderung der Yang-Energie am Tag. Ermitteln Sie außerdem das fördernde Element Ihres Kindes und bringen Sie dieses verstärkt neben den anderen Elementen in das Zimmer ein. Beachten Sie auch die sonstigen Hinweise im Abschnitt Kinderzimmer ab Seite 184.
Eine Dauerlösung sollte ein Kellerzimmer allerdings auch für einen Heranwachsenden nicht sein.

? *Ich wohne in einer Souterrain-Wohnung. Was sagt die Feng Shui-Lehre dazu?*

Eine Souterrain-Wohnung ist extrem Yin-lastig, was nicht sehr günstig ist, da wir zum aktiven Leben einen Überhang an Yang-Energie benötigen. Gestalten Sie Ihre Wohnung deshalb sehr Yang-lastig – und suchen Sie sich in absehbarer Zeit eine andere Bleibe. Denn Sie sollten Ihr Leben – nach der Aussöhnung mit der Vergangenheit – auf die Gegenwart und Zukunft ausrichten. Eine Souterrain-Wohnung fördert das nicht. Sie gibt Ihnen zu wenig

Unterstützung und Energie, die Ihnen bei der aktiven Lebensgestaltung fehlen könnten.

? *Gibt es beim Wäsche- und Heizungskeller etwas zu bedenken?*

Ein Wäscheraum ist sicher gut im Keller unterzubringen, sofern sich dieser nicht gerade im Zentrum des Hauses befindet (Wasser!).
Hat Ihr Heizungskeller einen Öltank, sollte nebenan kein Wohnraum (wie etwa der umfunktionierte Hobbyraum) liegen. Auch im Erdgeschoss sollte direkt über dem Öltank keine Sitzecke stehen. Gleiches gilt im Übrigen für den Bereich des Hauses, in dem der Stromverteiler untergebracht ist. Schädigende Gase und Abstrahlungen wirken nämlich auch durch Wände und Decken.

? *Wir haben gar keinen Keller. Was hat das zu bedeuten?*

Das bedeutet, dass Sie sich in der aktuellen Lebensphase nicht mit der Vergangenheit auseinandersetzen (sollen). Das Thema muss Sie nicht beschäftigen, da Sie Ihre Vergangenheit entweder bereits aufgearbeitet haben, also über starke Wurzeln verfügen, oder Ihr Leben zur Zeit andere Aufgaben für Sie bereithält.

1-Raum-Appartement

? *Ich wohne in einer 1-Zimmer-Wohnung. Was muss ich nach der Feng Shui-Lehre bei der Gestaltung beachten?*

Nach der Feng Shui-Lehre verlangen verschiedene Tätigkeiten unterschiedliche Energien, weshalb jeder Raum entsprechend seiner Nutzung zu gestalten ist. Das ist bei einem 1-Zimmer-Appartement natürlich kaum zu bewerkstelligen, da sowohl verschiedene Tätigkeiten als auch die Ruhezonen in einem einzigen Raum Platz finden müssen. Lesen Sie die folgenden Fragen, die Antworten dazu werden Ihnen vermutlich helfen.

? *In meinem 1-Zimmer-Appartement ist eine Kochnische eingebaut. Was soll ich damit machen?*

Einen Küchenbereich, der in den offenen Raum integriert ist, sollten Sie unbedingt (optisch) abtrennen und bei Nichtnutzung hinter Schranktüren, einem Vorhang oder Ähnlichem verschwinden lassen.

? *Ich habe nicht genügend Platz, um ein Bett und eine Couch aufzustellen. Kann ich ein Schlafsofa verwenden?*

Für diesen Fall ist ein Schlafsofa sehr empfehlenswert. Sie können sich aber auch für ein Schrankbett (horizontal ausklappbar, Seite 172) entscheiden, um das Bett tagsüber völlig unsichtbar zu machen.
Sie sollten das Zimmer mit wenigen Handgriffen am Tag in einen Wohn- oder Arbeitsraum (mit Yang-Energie) verwandeln können, am Abend wiederum, ebenfalls mit geringem Aufwand, in ein erholsames Schlafzimmer (Yin-lastig). Dafür eignen sich in einem 1-Zimmer-Appartement geschlossene, weiche Vorhänge und eine warme, entspannende Yin-Beleuchtung.

? *Wie kann ich den Raum optimal einrichten, damit die Energie frei fließen kann?*

Versuchen Sie den begrenzten Platz so zu nutzen, dass der Raum nicht überfüllt und überladen wirkt – nach dem be-

währten Prinzip: Weniger ist mehr! Wählen Sie geschlossene Schränke oder Regale oder solche mit (Milch-) Glasfronten, um die Bildung von Sha und Unruhe im Raum zu vermeiden.
Halten Sie das Zentrum des Zimmers möglichst leer, und beherzigen Sie die Regeln zum richtigen Sitzen im Raum sowohl bei Ihren Sitzgelegenheiten als auch bei Ihrem Bett: Sorgen Sie für einen geschützten Rücken, sitzen Sie immer energetisch geschützt und behalten Sie Fenster und Tür im Blick (Seite 39).

TIPP

So fühlen Sie sich in Ihrem Appartement wohl

- Achten Sie auf die drei Grundregeln zum richtigen Sitzen im Raum (Seite 39), bezogen sowohl auf Ihren Schlafplatz als auch auf alle Sitzbereiche.
- Versuchen Sie, die unterschiedlichen Nutzungsbereiche optisch voneinander zu trennen, und zwar mit verschiedenen Wandfarben, Bodenbelägen (Teppich auf Parkett oder Laminat), Trennwänden, Pflanzen oder Paravents.
- Gestalten Sie den Schlafplatz Yin-lastig, den Arbeitsbereich nach dem Yang-Prinzip, den Wohnbereich leicht Yang-lastig und den Essplatz Yin-lastig.
- Halten Sie die Beleuchtung flexibel, so dass Sie je nach Nutzung über eine Yang-Beleuchtung verfügen, aber ebenso auf Yin-Beleuchtung umschalten (dimmen) können.
- Gestalten Sie den Raum nach den fünf Elementen, aber legen Sie unbedingt einen Schwerpunkt auf Ihr förderndes Element.
- Bringen Sie trotz der unterschiedlichen Gestaltung der einzelnen Bereiche Harmonie in Ihr Appartement.

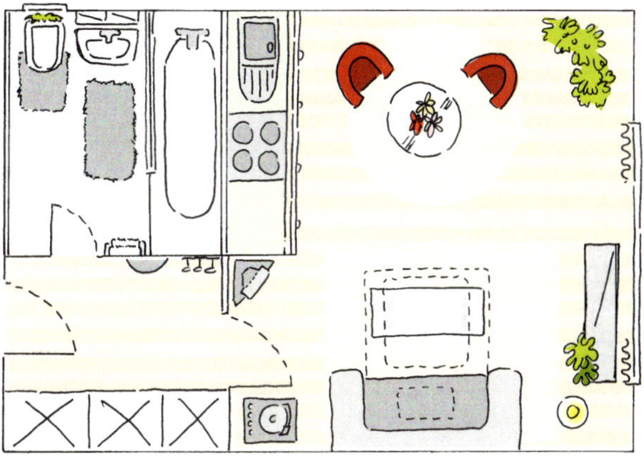

Dieses Appartement ist neutral nach den fünf Elementen gestaltet. Nicht im Bild : Spiegelwand im Badezimmer sowie blau gemusterte Vorhänge im Wohnbereich (beides Wasserelement)

? Soll ich alle fünf Elemente bei der Einrichtung berücksichtigen oder nur meine persönlichen fördern?

Wenn Sie Ihr Appartement neutral gestalten wollen, damit sich alle Menschen darin gut aufgehoben fühlen, ist es die richtige Lösung, alle fünf Elemente zu berücksichtigen. Da aber Sie die meiste Zeit darin verbringen, wäre es sinnvoller, Sie würden sich selbst mit Ihrem persönlichen Element energetisch unterstützen. Machen Sie dafür den Farbentest ab Seite 73.

Wenn Sie alle fünf Elemente einbringen, sollten Sie dennoch einen klaren Fokus auf Ihr persönliches Element richten. Das gelingt ausgezeichnet über die Raumfarbe, da diese sehr intensiv auf Sie wirkt und Sie damit optimal fördert. Nehmen Sie sich am besten zu jedem Nutzungsbereich Ihres Appartements das entsprechende Kapitel in diesem Buch vor.

? *Darf ich in meinem 1-Zimmer-Appartement einen Spiegel aufhängen?*

Da Sie Ihr Zimmer mehrfach nutzen, sollten Sie auf offene Spiegel ganz verzichten (ab Seite 41). Schließlich möchten Sie am Abend darin schlafen. Eine einzige Ausnahme gibt es: Der Raum hat eine Nische, und ein Spiegel wäre günstig für eine Qi-Aktivierung dieses Bereichs – sofern die Nische aktiv genutzt werden soll.
Aber selbstverständlich können Sie an der Innenseite der Schranktür einen Spiegel anbringen!

? *Nach welchem Prinzip sollte der Raum gestaltet sein, nach Yin oder eher nach Yang?*

Gestalten Sie ein 1-Raum-Appartment relativ neutral, also weder zu Yin- noch zu Yang-lastig. Sollten Sie den Raum in einer Farbe streichen wollen, die Ihrem persönlichen Element entspricht, dann bedenken Sie, dass die Farben des Elements Feuer eindeutig in den Yang-Bereich und die des Wassers in den Yin-Bereich gehören. Gestalten Sie bei einer Feuer-Farbe den restlichen Raum eher Yin-lastig, bei einer Wasser-Farbe eher Yang-lastig, damit der Raum insgesamt relativ neutral wird.

? *Gibt es Einschränkungen bei der Dekoration mit Pflanzen?*

Wenn Sie die allgemeinen Hinweise zu Pflanzen in Wohnräumen (ab Seite 57) beherzigen, gibt es keine Einschränkungen. Wichtig ist, dass Sie in der Nähe Ihrer Sitzmöglichkeiten und Ihres Schlafplatzes keine Pflanzen mit geraden, spitzen Blättern wählen, da diese Sha-Energie produzieren und spitze Pfeile aussenden. Achten Sie auf gesunde Pflanzen und pflegen Sie sie gut.

? *Wie sollten die Lichtverhältnisse in meiner 1-Zimmer-Wohnung sein?*

Wählen Sie die Beleuchtung so, dass Sie tagsüber eine Yang-Beleuchtung einsetzen können und am Abend eine kuschelige Yin-Beleuchtung. Mit verschiedenen Lichtquellen und Dimmern sollte das kein Problem sein. Auch die Fenster sollten Sie entsprechend dekorieren, eine große Fensterfront beispielsweise mit Stoffvorhängen, die Sie am Abend zuziehen können.

? *Ich lebe in einer Maisonette-Wohnung. Muss ich etwas beachten?*

Eine Maisonette-Wohnung ist zweigeschossig (gelegentlich hat sie auch mehrere Ebenen) mit eigener Treppe innerhalb der Wohnung. Es gelten hierbei die gleichen Regeln wie für jedes Einfamilienhaus, was den Wohnungseingang, den Flur und auch die Platzierung und die Wahl der Treppe betrifft (ab Seite 127).
Was die Formenschule anbelangt, so betrachten Sie zum einen die Lage des Mietshauses, in dem die Wohnung liegt (bezüglich der vier himmlischen Tiere, ab Seite 102), und zum anderen natürlich den Grundriss Ihrer Maisonette-Wohnung bezüglich der Fehlzonen und zur Ermittlung des Zentrums (Seite 118). Die Basis der Wohnung ist immer das untere Geschoss.

DIE FENG SHUI-MASSE

Hauptabschnitte und ihre Bedeutung

Abschnitt	Maße in cm	Bedeutung	Positiv/Negativ
1	0,00 – 5,37	Reichtum	Positiv
	42,97 – 48,33		
	85,93 – 91,29		
	128,89 – 134,25		
	171,85 – 177,21		
2	5,38 – 10,74	Krankheit	Negativ
	48,34 – 53,70		
	91,30 – 96,66		
	134,26 – 139,62		
	177,22 – 182,58		
3	10,75 – 16,11	Trennung	Negativ
	53,71 – 59,07		
	96,67 – 102,03		
	139,63 – 144,99		
	182,59 – 187,95		
4	16,12 – 21,48	Großmut	Positiv
	59,08 – 64,44	Nachkommen	
	102,04 – 107,40		
	145,00 – 150,36		
	187,96 – 193,32		
5	21,49 – 26,85	Macht	Positiv
	64,45 – 69,81		
	107,41 – 112,77		
	150,37 – 155,73		
	193,33 – 198,69		

Abschnitt	Maße in cm	Bedeutung	Positiv/Negativ
6	26,86 – 32,22	Katastrophen	Negativ
	69,82 – 75,18		
	112,78 – 118,14		
	155,74 – 161,10		
	198,70 – 204,06		
7	32,23 – 37,59	Schaden/	Negativ
	75,19 – 80,55	Verletzung	
	118,15 – 123,51		
	161,11 – 166,47		
	204,07 – 209,43		
8	37,60 – 42,96	Kapital	Positiv
	80,56 – 85,92		
	123,52 – 128,88		
	166,48 – 171,84		
	209,44 – 214,80		

Hinweis:
Brauchen Sie größere Maße, können Sie die Tabelle einfach fortsetzen. Addieren Sie für jeden Abschnitt 5,36 zur Endsumme des vorhergehenden Abschnitts.
Beispiel: Die letzte Maßeinheit aus Abschnitt 8 endet bei 214,80. Damit beginnt Abschnitt 1 (nach Abschnitt 8 beginnt es wieder von vorn) bei 214,81. Und er endet, wenn Sie 5,36 dazuaddieren, bei 220,17.

Die Analogien von Yin und Yang

Yin	Yang
weibliches Prinzip	männliches Prinzip
Wirklichkeit	Bild
Erde	Himmel
Tod	Leben
dunkel	hell
kalt	warm
rund	eckig
weich	hart
kurvig	geradlinig
Tal	Gipfel
links	rechts
Seele	Geist
statisch	dynamisch
empfangen	geben
Vergangenheit	Zukunft
unten	oben
weit	eng
Winter	Sommer
Wasser	Feuer
Mutter	Vater
nass	trocken
kalt	warm
Ruhe	Aktivität
Mond	Sonne
Nacht	Tag
Norden	Süden
schlafen	wachen
gerade Zahl	ungerade Zahl

Die fünf Elemente und ihre Entsprechungen (Analogien)

Holz

Osten
Frühling
Morgen/Sonnenaufgang
Grün
Form: rechteckig, hoch, dünn, vertikal, säulenförmig, aufstrebend
Material: Holz
Energie des Wachstums (Ausdehnung, Beginn) Richtung der Energie: in alle Richtungen, ausdehnend (expansiv)
Weitere Analogien: Kindheit, Neubeginn, Energie, Heilkräfte, Pädagogik, Künste
Hobbys: Arbeiten mit Material Holz (schnitzen, schreinern), Haare frisieren/schneiden, basteln, Blumengestecke binden, im Wald spazieren gehen, sich mit Kindern beschäftigen, kreativ sein

Feuer

Süden
Sommer
Mittag
Rot
Form: spitz, sternförmig, gezackt, dreieckig
Material: Kunststoff, tierische Produkte (Leder, Fell)
Energie höchster Aktivität, Kraft, Helligkeit (Transformation)
Richtung der Energie: nach oben
Weitere Analogien: Liebe (Stadium des höchsten Yang), die Entdeckung des Kindes: Es gibt ein Du!
Hobbys: Laienschauspielerei, Vorsitz eines Vereines (sich auf die Bühne stellen), unterrichten oder Vorträge halten, sportlicher Wettkampf, Motorsport, Reiten, Polo, Rad fahren, Umgang mit Tieren

ERDE

Zentrum
Gelb/Braun/Aschgrau
Form: flach, breit, quadratisch, horizontal, niedrig, massiv, schwer
Material: Stein (Ziegel)
Energie der Stabilität (Sicherheit, Substanz) Richtung der Energie: um die eigene Achse
Weitere Analogien: Vernunft (Ratio), Kosten-Nutzen-Rechnungen, Nachdenken über Konsequenzen, sehr pragmatisches Denken
Hobbys: Arbeiten mit Erde (gärtnern, töpfern), Routinetätigkeiten im Haushalt (bügeln, putzen), kochen, Handarbeiten (stricken, sticken, klöppeln), Archive führen (Fotoarchiv, Familienstamm), Pflege von Menschen (Familie), soziales Ehrenamt, Traditionen bewahren, Buch schreiben

Metall

Westen

Herbst

Abend/Sonnenuntergang

Grau/Weiß/Silber/Gold

Form: rund, kuppelförmig, oval, bogen-/kreisförmig

Material: Metall

Verdichtende Energie (Zentrierung, Verfestigung)
Richtung der Energie: nach innen

Weitere Analogien:
persönlicher Freiraum, autark werden, nein sagen, Grenzen ziehen, die eigene Kraft kennen lernen

Hobbys:
Meditieren (Zen), Arbeiten mit Metall (Goldschmiedearbeiten), schießen (Bogenschießen, Gewehr-/Pistolen), organisatorische Aufgaben, verbunden mit Ordnung und Struktur schaffen (auch im eigenen Alltag), Golfspielen, Schach, Zeitmanagement, Organisationsaufgaben (im Verein oder bei Reisen), Besinnungs- oder Schweigetage

Wasser

Norden
Winter
Nacht/Dunkelheit
Schwarz/Blau
Form: unregelmäßig, gewellt, flexibel, abstrakt
Material: Glas
Flexible Energie (Bewegung, Dunkelheit) Richtung der Energie: nach unten
Weitere Analogien: (totales) Loslassen (höchstes Yin), das Thema »Wie sieht es in mir aus, wo ist meine höhere Weisheit?«, Angst als Ahnung von Schwierigkeiten
Hobbys: Spiritualität, Kommunikation (Austausch mit anderen Menschen suchen), Reisen (innere oder äußere Reise), eigene Seelentiefe erkunden, sich mit Psychologie/Philosophie/Religionen beschäftigen, Sterbebegleitung, Wassersport (angeln, segeln, surfen, schwimmen, tauchen)

Die persönlichen Kua-Zahlen

Geburtsjahr,	-tag und -zeit	Kua-Zahl
1920	ab 23.12.1919, 5.27 Uhr	8
1921	ab 22.12.1920, 11.17 Uhr	7
1922	ab 22.12.1921, 17.08 Uhr	6
1923	ab 22.12.1922, 22.57 Uhr	5
1924	ab 23.12.1923, 4.54 Uhr	4
1925	ab 22.12.1924, 10.46 Uhr	3
1926	ab 22.12.1925, 16.37 Uhr	2
1927	ab 22.12.1926, 22.34 Uhr	1
1928	ab 23.12.1927, 4.19 Uhr	9
1929	ab 22.12.1928, 10.04 Uhr	8
1930	ab 22.12.1929, 15.53 Uhr	7
1931	ab 22.12.1930, 21.15 Uhr	6
1932	ab 23.12.1931, 3.30 Uhr	5
1933	ab 22.12.1932, 9.15 Uhr	4
1934	ab 22.12.1933, 14.58 Uhr	3
1935	ab 22.12.1934, 20.50 Uhr	2
1936	ab 23.12.1935, 2.37 Uhr	1
1937	ab 22.12.1936, 8.27 Uhr	9
1938	ab 22.12.1937, 14.22 Uhr	8
1939	ab 22.12.1938, 20.14 Uhr	7
1940	ab 23.12.1939, 2.06 Uhr	6
1941	ab 22.12.1940, 7.55 Uhr	5
1942	ab 22.12.1941, 13.45 Uhr	4
1943	ab 22.12.1942, 19.40 Uhr	3
1944	ab 23.12.1943, 1.30 Uhr	2
1945	ab 22.12.1944, 7.15 Uhr	1
1946	ab 22.12.1945, 13.04 Uhr	9
1947	ab 22.12.1946, 18.54 Uhr	8
1948	ab 23.12.1947, 0.45 Uhr	7
1949	ab 22.12.1948, 6.34 Uhr	6
1950	ab 22.12.1949, 12.24 Uhr	5

Geburtsjahr,	-tag und -zeit	Kua-Zahl
1951	ab 22.12.1950, 18.14 Uhr	4
1952	ab 23.12.1951, 0.01 Uhr	3
1953	ab 22.12.1952, 5.44 Uhr	2
1954	ab 22.12.1953, 11.32 Uhr	1
1955	ab 22.12.1954, 17.25 Uhr	9
1956	ab 22.12.1955, 23.12 Uhr	8
1957	ab 22.12.1956, 5.00 Uhr	7
1958	ab 22.12.1957, 10.49 Uhr	6
1959	ab 22.12.1958, 16.40 Uhr	5
1960	ab 22.12.1959, 22.35 Uhr	4
1961	ab 22.12.1960, 4.26 Uhr	3
1962	ab 22.12.1961, 10.20 Uhr	2
1963	ab 22.12.1962, 16.15 Uhr	1
1964	ab 22.12.1963, 22.02 Uhr	9
1965	ab 22.12.1964, 3.50 Uhr	8
1966	ab 22.12.1965, 9.41 Uhr	7
1967	ab 22.12.1966, 15.28 Uhr	6
1968	ab 22.12.1967, 21.17 Uhr	5
1969	ab 22.12.1968, 3.00 Uhr	4
1970	ab 22.12.1969, 8.44 Uhr	3
1971	ab 22.12.1970, 14.36 Uhr	2
1972	ab 22.12.1971, 20.24 Uhr	1
1973	ab 22.12.1972, 2.13 Uhr	9
1974	ab 22.12.1973, 8.08 Uhr	8
1975	ab 22.12.1974, 13.56 Uhr	7
1976	ab 22.12.1975, 19.46 Uhr	6
1977	ab 22.12.1976, 1.35 Uhr	5
1978	ab 22.12.1977, 7.24 Uhr	4
1979	ab 22.12.1978, 13.21 Uhr	3
1980	ab 22.12.1979, 18.10 Uhr	2
1981	ab 22.12.1980, 0.56 Uhr	1

Geburtsjahr,	-tag und -zeit	Kua-Zahl
1982	ab 22.12.1981, 6.51 Uhr	9
1983	ab 22.12.1982, 12.26 Uhr	8
1984	ab 22.12.1983, 18.15 Uhr	7
1985	ab 22.12.1984, 23.06 Uhr	6
1986	ab 22.12.1985, 5.55 Uhr	5
1987	ab 22.12.1986, 11.44 Uhr	4
1988	ab 22.12.1987, 17.33 Uhr	3
1989	ab 21.12.1988, 23.22 Uhr	2
1990	ab 22.12.1989, 5.14 Uhr	1
1991	ab 22.12.1990, 11.03 Uhr	9
1992	ab 22.12.1991, 16.52 Uhr	8
1993	ab 21.12.1992, 22.40 Uhr	7
1994	ab 22.12.1993, 4.29 Uhr	6
1995	ab 22.12.1994, 10.19 Uhr	5
1996	ab 23.12.1995,16.09 Uhr	4
1997	ab 21.12.1996, 21.58 Uhr	3
1998	ab 22.12.1997, 3.48 Uhr	2
1999	ab 22.12.1998, 9.38 Uhr	1
2000	ab 22.12.1999, 15.27 Uhr	9
2001	ab 21.12.2000, 21.16 Uhr	8
2002	ab 22.12.2001, 3.08 Uhr	7
2003	ab 22.12.2002, 8.55 Uhr	6
2004	ab 22.12.2003, 14.44 Uhr	5
2005	ab 21.12.2004, 20.33 Uhr	4
2006	ab 22.12.2005, 2.22 Uhr	3
2007	ab 22.12.2006, 8.13 Uhr	2
2008	ab 22.12.2006, 14.02 Uhr	1
2009	ab 21.12.2008, 19.51 Uhr	9
2010	ab 22.12.2009, 1.40 Uhr (bis 22.12.2010, 7.28 Uhr)	8

Bücher, die weiterhelfen

Feng Shui

- Walters, Derek: Das Feng-Shui Praxisbuch. Besser wohnen, gesünder leben, erfolgreicher arbeiten.
  O. W. Barth bei Scherz
- Walters, Derek: Feng Shui. Die Kunst des Wohnens. Goldmann
- Kingston, Karen: Feng Shui gegen das Gerümpel des Alltags. Richtig ausmisten. Gerümpelfrei bleiben. Rowohlt
- Prignitz, Eva; Ruf, Petra: Das Feng Shui Lexikon. Südwest

Aus dem Gräfe und Unzer Verlag, München

- Sator, Günther: Feng Shui. Die Kraft der Wohnung entdecken und nutzen.
- Sator, Günther: Feng Shui für jeden Garten.
- Sator, Günther: Feng Shui. Kraftquelle Zimmerpflanzen.
- Sator, Günther: Feng Shui. Leben und Wohnen in Harmonie.

Allgemeine Literatur

- Dahlke, Rüdiger: Krankheit als Sprache der Seele.
  Be-Deutung und Chance der Krankheitsbilder. Goldmann
- Dethlefsen, Thorwald; Dahlke, Rüdiger: Krankheit als Weg. Deutung und Be-Deutung der Krankheitsbilder. Goldmann
- Dethlefsen, Thorwald: Schicksal als Chance. Das Urwissen zur Vollkommenheit des Menschen. Goldmann

Links, die weiterhelfen

Interentadressen für Räucherwerk

www.anandam-shop.de
www.fengshui-shopping.de
www.raeuchertempel.de
www.raeucherwerk-shop.de

Adressen, die weiterhelfen

Astologische Beratung:
Uranos Ruth und Wolfgang Denzinger
Wiesenweg 2
83646 Wackersberg
(bei Bad Tölz)
Telefon 08041/799220
www.uranos-online.de

Berufsverband für Feng Shui und Geomantie e.V.
Friedenstraße 20
97071 Würzburg
Telefon 0931/88065568
www.fengshui-verband.eu
(vertritt auch Österreich)

Feng Shui-Beratungen, Vorträge, Ausbildung, Seminare:
Elke Weßling
Intuitive Consulting
Sintpertstraße 15
81539 München
Telefon 089/64964077
Fax 089/64964078
E-Mail: info@ Intuitive-Consulting.de
oder info@ Ihr-Haus-Doktor.de
www.intuitive-consulting.de
www.Ihr-Haus-Doktor.de

Professionelle Hilfe – Ordnung und Struktur schaffen:
Office & Private
Elke Weßling
Sintpertstraße 15
81539 München
Telefon 089/64964077
Fax 089/64964078
www.docu-flow.de

Radiästetische/geomantische Hausuntersuchung:
Deutsche Gesellschaft für Geobiologie e.V.
mit der Fachschaft Deutscher Rutengänger
St. Jakobusstraße 1
84332 Hebertsfelden
Telefon 08721/10225
www.dgg-fdr.de

Gefion Wolf
Imperial School Germany
Rudolfstraße 1
82152 Planegg
Telefon 089/8599680
E-Mail: gefionw@debitel.net
www.imperialschool.ch
(auch für die Schweiz zuständig)

Glossar

Bagua-Spiegel
Traditionell eine Metallscheibe, die als Schutzschild für das Gebäude diente.
Baubiologie
Ein Sammelbegriff, der den Einsatz geeigneter Erkenntnisse und Techniken bezeichnet, um Bauwerke umweltbewusst und schadstofffrei zu erstellen.
Bedürfnispyramide
Ein Modell zur Beschreibung der Motivation von Menschen, entwickelt von dem US-amerikanischen Psychologen Abraham Maslow.
Benker-System
Bezeichnung eines Gittersystems, benannt nach dem Geopathologie-Forscher Anton Benker.
Curry-Linie (s. Diagonalnetz)
Diagonalnetz
Nach Dr. Manfred Curry auch Curry-Linie genannt. Es hat eine unregelmäßige und teilweise verzerrte Netzstruktur und läuft wie das Globalgitter über die ganze Erde.
Drache
Auch grüner Drache genannt, ideal im Osten, beschreibt die Yang-Energie eines Gebäudes (gehört zu den vier himmlischen Tieren).
Elektrosmog
Elektrische Felder/elektrischer Dunst.
Energie
Beschreibt jede realisierbare Kraft. In der Feng Shui-Lehre spricht man von Qi, der universalen Lebensenergie.
Energielevel (s. Gebäudeenergie)
Energieblockade
Davon spricht man, wenn es zu Stagnationen oder Störungen im freien Energiefluss kommt. In der Feng Shui-Lehre wird dies als Sha bezeichnet.
Energiefeld
Beschreibt einen abgegrenzten Bereich eines Gebäudes, der eine spezifische Energiequalität aufweist.
Fehlzone
Der Grundriss einer Wohnung/eines Hauses sollte immer die Form eines Quadrats bzw. Rechtecks aufweisen. Eine Fehlzone ist der für eine solche (gedachte) Form nicht vorhandene Bereich.
Feng Shui-Maß
Jedes Zentimetermaß lässt sich aus Feng Shui-Sicht in Bereiche einteilen, die für Menschen günstig bzw. ungünstig sind.
Förderndes Element
Jedes der fünf Elemente, durch

die der Mensch in seiner individuellen Entwicklung optimal unterstützt wird.

Formenschule
Beschreibt die Wirkung der Landschaft und direkten Umgebung auf das Gebäude (s. auch vier himmlische Tiere).

Fünf Arten zu gehen
(s. fünf Elemente)

Fünf Elemente
Sie (Holz, Feuer, Erde, Metall, Wasser) beschreiben fünf verschiedene Energieformen und werden auch als die fünf Wandlungsphasen oder die fünf Arten zu gehen bezeichnet.

Fünf Wandlungsphasen
(s. fünf Elemente)

Gebäudeenergie
Um das Energieniveau eines Hauses zu beschreiben, spricht man in der Feng Shui-Lehre im allgemeinen von Qi. Eine weitere Klassifizierung ergibt sich aus einem hohen oder niedrigen Energiespiegel bzw. Energielevel.

Gebäudealter
Das Gebäudealter wird in Berechnungen mit den jeweiligen Bewohnern in Verbindung gebracht, wodurch sich interessante Aussagen zur jeweiligen Energiequalität ergeben.

Geomantie
Die Fähigkeit, Kraftfelder/ Energien und Störungen in der Erde aufzuspüren.

Ki (s. Qi)

Kompassschule
Beschreibt die Wirkung der Himmelsrichtungen (des Kosmos) auf eine Landschaft und/oder ein Gebäude.

Kua-Zahl
Die Kua-Zahl, Gua-Zahl oder LoShu-Zahl einer Person leitet sich vom Geburtsjahr eines Menschen ab. Mit dieser Kua-Zahl kann der Feng Shui-Experte verschiedene Berechnungen vornehmen.

LoShu-Quadrat
Ein LoShu-Quadrat ordnet den umbauten Raum den vier Haupt- und den vier Zwischen-Himmelsrichtungen (s. Trigramme) der »späthimmlischen Frequenz« zu. Es weist neun gleich große Felder (mit dem Zentrum in der Mitte) auf.

Ming Tang
Auch als leerer Saal bezeichnet, steht für den Zufluss des Qi. Der Ming Tang gibt z. B. Auskunft über die Zukunftsorientierung der Bewohner.

Phönix
Auch roter Phönix genannt, ideal im Süden, steht symbolisch für ein Ziel oder eine Lebensausrichtung der Bewohner (gehört zu den vier himmlischen Tieren).

Powerposition
Bezeichnet die ideale Sitzposition an einem Arbeitsplatz.
Prana (s. Qi)
Qi (auch Shi, Ki, Prana)
Bezeichnung für die universelle Lebensenergie.
Radiästhesie
Die Lehre von der Fähigkeit, Strahlungen und Schwingungen aufzuspüren.
Räucherwerk
Natürliche Substanzen zum Verbrennen, um deren segensreiche Wirkungen viele Kulturen unserer Erde seit uralten Zeiten wissen.
Raumreinigung
Energetische Reinigung eines Raumes (z. B. durch ein Räucherritual) von störenden oder fremden Energien.
Resonanzprinzip
Alles was ich aussende, kommt zu mir zurück (Spiegelprinzip).
Schildkröte
Auch schwarze Schildkröte genannt, ideal im Norden, steht für den Rückenschutz eines Gebäudes (gehört zu den vier himmlischen Tieren).
Schwingungsfrequenz
Jeder menschliche Körper (jede Zelle) besitzt seine eigene Schwingungsfrequenz – ebenso das gesamte Umfeld.
Sha
Gestörtes, gestautes oder zu schnell beschleunigtes Qi.
Shi (s. Qi)
Tiger
Auch weißer Tiger genannt, ideal im Westen, steht für die Yin-Energie eines Gebäudes (gehört zu den vier himmlischen Tieren).
Trigramm(e)
Es gibt acht Trigramme, von denen jedes die Energie einer Himmelsrichtung (N, NO, O, SO, S, SW, W, NW) beschreibt.
Vier himmlische Tiere
Gehören zur Formenschule (s. Drache, Phönix, Schildkröte, Tiger).
Wasserader
Die oberirdische Ausstrahlung einer Energielinie, die Einfluss auf den Menschen nehmen kann.
Wünschelrute
Bezeichnung einer Rute (Werkzeug), mit der der Rutengänger nach Wasseradern oder anderen Störzonen sucht.
Yang
Energieform, die mit »männlich« umschrieben wird.
Yin
Energieform, die mit »weiblich« umschrieben wird.
Zeitqualität
Jedem Zeitpunkt und jedem Zeitabschnitt wird eine Qualität zugeordnet.

Register

Impressum

Programmleitung: Ulrich Ehrlenspiel
Redaktion: Ilona Daiker
Lektorat: Rita Maria Güther
Illustrationen: Layla Nicole Helou, München
Cover-Foto: Jahreszeiten Verlag
Gestaltung und Layout: independent Medien-Design
Herstellung: Markus Plötz
Satz: Filmsatz Schröter, München
Druck: Firmengruppe APPL, Wemding
Bindung: Druckerei Auer, Donauwörth

ISBN 978-3-8338-0484-7

2. Auflage 2008

GRÄFE UND UNZER

Ein Unternehmen der
GANSKE VERLAGSGRUPPE

Die **GU Homepage** finden Sie im Internet unter
www.gu-online.de

Umwelthinweis:
Dieses Buch wurde auf chlorfrei gebleichtem Papier gedruckt. Um Rohstoffe zu sparen, haben wir auf Folienverpackung verzichtet.